Seluba Buddhism Books 知る・わかる・こころの旅を豊かにする
セルバ仏教ブックス

はじめての「密教の戒律」入門

藤田光寛 著

セルバ出版

はじめに

仏教徒のあり方を規定する戒律とは、仏教徒（出家者と在家者）として守ることが求められる宗教的規範です。もともと、「戒」とはいわば倫理、「律」とはいわば法律に相当します。一般に熟して「戒律」と表現されます。

仏教は、欲望をコントロールし、小欲知足の生活をして、究極的には悟り（救済）を獲得することを目標とします。そのための基礎が戒律です。言い換えれば、この目標を達成するためには、戒律を守って生活を整え身体と心の清浄な生活をして準備することが、仏道修行者にまず第一に求められるのです。

これから仏教・密教を学ぶ一般の方も、社会人としての規範意識が低下しているといわれる現代の日本社会において、仏教が説く規範、道徳、行動規則、仏教倫理を学ぶことはよりよい社会生活を送るのに役立つはずです。

南方上座部仏教国と比べて、日本の仏教徒は戒律を受持していない、とよくいわれますが、国土、地域や時代の違いによって、変化してもよい点と変化してはいけない点があるはずです。日本仏教は戒律をどのように理解し、生活に生かしてゆこうとしてきたか、そして今後はどのように生かして行くべきか。

今は、インド仏教史の中の初期仏教、大乗仏教、密教において、戒律がどのように受持され展開したか、さらに、小乗（声聞・独覚）の別解脱律儀と大乗の菩薩律儀、密教の真言律儀の３つの特色は何か等を解説して、インド仏教の最終段階で展開した密教（Buddhist Tantrism）までの戒律を理解するための手引書になればと思います。。

これらを基礎的知識として知ることにより、日本仏教の戒律を考える場合にも資する点が多いと思うからです。

平成 25 年９月

藤田　光寛

はじめての「密教の戒律」入門　目次

❶ 戒律ってなに・インド初期仏教の戒と律

東大寺戒壇堂

①　仏教の戒律ってなんだろう

仏教徒として守るべき道徳・規範・行動規則

仏教者のあり方を規定する各種の戒（シーラ）や律（ヴィナヤ）は、出家者（家庭の生活を捨てて仏教の修行をする人）のみならず在家者（家庭の生活を営みながら、仏教に帰依する人）にとっても、仏教徒としての守るべき道徳、規範、行動規則であり、仏教倫理といってよいでしょう。

本来、戒（śīla、シーラ）とは、仏教に帰依した者が自発的に守るべき行いの規則であり、いわば倫理や道徳に相当します。

これに対して、律（vinaya、ヴィナヤ）は、随犯随制《ずいぼんずいせい》で、仏陀が教団（saṃgha、サンガ、僧伽《そうぎゃ》）の中の出家者たちに対して、生活上で過ちが犯されたその時々に、その行為の禁止を制定し、罰則を設けたものです。出家者の教団における生活規則で、いわば法律にあたります。

また、教団の規則を集めた文献を律蔵といい、戒は律蔵の中の１つひとつの規則の条文でもあり、その条文の全体を波羅提木叉《はらだいもくしゃ》（prātimokṣa、プラーティモークシャ）、あるいは別解脱《べつげだつ》といいます。

日本仏教では戒律の作法だけは残っている

さて、現在の日本仏教では、「戒律の作法（授戒などの儀礼）だけは残っていますが、戒律を受持することを捨てた」といわれます。逆に、今の日本では大部分の僧侶が世俗生活を営んでいます。

しかし、見方をかえれば、それだけ日本の仏教は人々の世俗社会の中に溶け込んで、定着しているともいえます。

日本の大乗仏教は「戒の精神を汲み取り、それを仏教徒のあり方とする」と考え、戒の精神を我々の日常生活の中に実現しようとしています。戒を否定しているのではありません。

また、「受戒することによって諸仏・諸菩薩、諸尊によって病気などから守ってもらえる」、「戒名《かいみょう》をつけてもらった死者は死後の世界においてもそれによって守られる」という日本独自の庶民信仰もあります。

日本で大乗仏教の戒といえば、梵網戒

日本で大乗仏教の戒といえば、梵網戒《ぼんもうかい》（『梵網経』、詳しくは『梵網経盧遮那佛説菩薩心地戒品』で説かれる十重四十八軽戒《じゅうじゅうしじゅうはちきょうかい》）が有名です。因みに、弘法大師も『梵網経開題』を著しておられます。

天平勝宝５年（753）、鑑真和上《がんじんわじょう》（688-763）一行が来日し、三師七証《さんししちしょう》（戒和尚、教授師、羯磨師《こんまし》と７人の証明師《しょうみょうじ》）による正式な具足戒《ぐそくかい》（すなわち比丘《びく》戒、比丘尼《びくに》戒）を授ける授戒の儀式が日本において可能となりました。

わが国最初の正式な授戒

そこで鑑真和上によって東大寺において四分律《しぶんりつ》にもとづきわが国最初の正式な具足戒を授ける授戒が行われました。

大乗戒たる梵網戒も、聖武上皇、光明皇太后などに授けられました。和上は、戒律は四分律（小乗戒）と梵網戒《ぼんもうかい》（大乗戒）、教学は天台教学を伝えた方であったからです。

その後、日本では東大寺、観世音寺（筑紫）、薬師寺（下野）の三戒壇において授戒が行われました。これは「天下の三戒壇」といわれました。

戒の精神性が強調される傾向に

しかし、平安時代になって、伝教大師最澄（767-822）は、日本は大乗相応国ですから小乗の四分律の戒を捨て、大乗の梵網戒の十重・四十八軽戒、いわゆる「円頓戒《えんどんかい》」（法華経の精神で梵網戒を護持する）だけを授けるべきだと主張したのです。

最澄の逝去後すぐ、弘仁 13 年（822）、円頓戒だけを授ける大乗戒壇の設立が比叡山に認められました。

出家者に四分律の 250 戒を授けて比丘の具足戒とするのではなくて、この円頓戒だけを授けて「菩薩比丘《ぼさつびく》」とするのは日本独自の仕方です。

この円頓戒は、出家・在家共通の戒として大乗菩薩の精神、心のあり方を述べたものですので、出家者の行動規範としては不十分であり、本来の出家者が守るべき戒（例えば出家者の妻帯禁止など）が形式化し戒の精神性が強調される傾向に拍車をかけることになりました。

出家者と在家者の区別が明らかではない今の日本仏教の戒律

鎌倉時代以降、戒律復興運動が何度か行われました。

覚盛《かくじょう》（1194-1249）、叡尊《えいそん》（1201-1290）、忍性《にんしょう》（1217-1303）をはじめ、江戸時代の浄厳《じょうごん》律師（1639-1702）や慈雲《じうん》尊者（1718-1804）、高野山では真別処円通寺を中興した良永律師（1585-1647）、真別処の妙瑞和尚（1696-1764）、本初密門（1707-1788）など、数多くの高僧が戒律の普及に努めました。この本初密門のとき、高野山の真別処は有部律の根本道場と定められていたのです。

ちなみに、江戸時代の有部の三僧防とは高野山の真別処（写真）、安芸の福王寺、丹後の松尾寺です。

しかし、上記の傾向がさらに強まり、今の日本仏教では、戒律の点に関しては出家者と在家者の区別があまり明らかではありません。大部分の出家者は世俗の生活をしているからです。

これが日本仏教の特徴の１つといっても過言ではありません。

高野山真別処

②　仏教では仏道修行完成のための必須要件

戒は仏教修行の基礎

仏教者のあり方を規定する「戒律」を守って身体と言葉と心の清浄な生活をすること（戒学）は、３つの基本的な学修すべきもの（三学《さんがく》）の１つとして、仏道修行を完成するための必須要件です。

この３つの基本的な学修すべきもの（三学）とは、①戒学と②定学《じょうがく》（正しい精神統一）と③聞慧《もんえ》（仏法を聴聞して得る智慧）・思慧（これを思惟して得る智慧）・修慧（仏道を実践修行して得る智慧）の慧学（正しい智慧の修得）の３つをいいます。

究極的な真理を獲得する（悟りを得る）には正しい智慧が大切であり、その智慧は戒と定《じょう》（瞑想）に基づきます。この三学の兼修によって、仏道修行が完成するとされています。

五分法身とは

五分法身《ごぶんほっしん》とは、５つの法を身体とするものをいい、悟りに達した聖者と仏が具えているとされ、次の５つの徳性を本質とするのです。

【５つの徳性】

①戒《かい》	三学。原因	
②定《じょう》		
③慧《え》		
④解脱《げだつ》	智慧によって煩悩を滅して解脱を得る	結果
⑤解脱《げだつ》知見《ちけん》	解脱における知と見のはたらき	

まず戒を守って生活を整えて準備してから、禅定に入り、三法印《さんぼういん》（諸行無常、諸法無我、涅槃寂静）や四諦《したい》（苦集滅道の４つの真理）などを修習《しゅじゅう》して智慧を獲得します。

この智慧のはたらきによって煩悩を滅して解脱を得て、自分が解脱を得たという知見が生じるのです。このように戒は５つの徳性の最初に来ています。真言密教では、五分法身について浅略釈《せんりゃくしゃく》と深秘釈《しんぴしゃく》を説きますが、三昧耶戒《さんまやかい》（密教の戒）の観点から理解し、上記の①戒は五分の総体であるとします。

真言密教の行法のなかで、塗香のときに「五分法身を磨瑩《まよう》すと想え戒定慧解脱解脱知見なり」と観念をしますが、これは戒という香をもって自分の五指にぬり、自分の身体の五大（地・水・火・風・空）の塵垢を除いて浄め、仏の五大と平等となすのです。

大乗仏教においても、六波羅蜜《ろっぱらみつ》(布施・持戒・忍辱《にんにく》・精進・禅定・智慧という６つの徳目の完成）の１つとして、戒律を保つこと（持戒）は悟りに至るために実践すべき必須要件です。

このように戒を守って身体と言葉と心を清浄にして生活を整えることは、仏道修行の基礎となるのです。

戒壇での授戒

東大寺の戒壇院では三師七証、筑紫の観世音寺と下野の薬師寺では三師二証で授戒が行われました。九州地方の人は筑紫観世音寺の戒壇（写真）で、関東地方の人は下野薬師寺の戒壇で授戒を受けました。

戒壇院（天下の三戒壇の１つ、福岡県大宰府市））

③　出家者と在家者

出家者と在家者

初期仏教の教団（saṃgha、サンガ、僧伽《そうぎゃ》）組織は、出家者と在家者とからなります。

仏教徒	該当者	読み方	定義
①出家者	比丘	びく	出家して（例えばパーリ律では227条の）具足戒を受けた男性（20歳以上）の修行者
	比丘尼	びくに	出家して（例えばパーリ律では311条の）具足戒を受けた女性（20歳以上）の修行者
	沙弥	しゃみ	十戒を受けて出家した修行見習いの男性
	沙弥尼	しゃみに	十戒を受けて出家した修行見習いの女性
	式叉摩那	しきしゃまな	沙弥尼から比丘尼に至るまでの段階（二年間）の女性で、六法を守る
②在家者	優婆塞	うばそく	出家修行者に仕え、五戒を守る男性の在家者
	優婆夷	うばい	出家修行者に仕え、五戒を守る女性の在家者

出家者と在家者が守るべき戒

八衆《はっしゅ》が守るべき戒は、次のようになります。

八衆	守るべき戒
優婆塞、優婆夷	五戒（①不殺生　②不偸盗《ふちゅうとう》　③不邪淫　④不妄語　⑤不飲酒《ふおんじゅ》）
式叉摩那	六法（①不殺生　②不偸盗　③不淫　④不妄語　⑤不飲酒　⑥不非時食）
近住《ごんじゅう》	八斎戒《はっさいかい》（在家者（優婆塞、優婆夷）が出家の戒を一昼夜、守る８つの戒め） ①不殺生　②不偸盗　③不淫　④不妄語　⑤不飲酒 ⑥装身具や香などを身につけない、歌舞を見聞《みき》きしない ⑦高くゆったりとしたベッドに寝ない　⑧不非時食（午前中１回の食事のみ）
沙弥、沙弥尼	十戒（①不殺生　②不偸盗　③不淫　④不妄語　⑤不飲酒 ⑥不非時食　⑦歌舞、音曲、見せ物などに近づかない ⑧華鬘や香油で身体を飾らない　⑨高くゆったりとした立派な床座を用いない　⑩金銀宝物などを執らず受け取らない）
比丘	パーリ律では波羅夷罪（４か条）をはじめとする227条
比丘尼	パーリ律では波羅夷罪（８か条）をはじめとする311条

（上記の「近住」を除いた７種を七衆《しちしゅ》という）

④　サンガ（僧伽《そうぎゃ》）

サンガというのは

サンガ（saṃgha、僧伽、教団）は４人以上の比丘の集団、比丘尼の集団です。彼らは当初、遊行《ゆぎょう》生活をしましたが、４月15日（または５月15日）から３か月間の雨期の間だけ定住生活をしながら修行に専念しました。これを安居《あんご》（または雨安居《うあんご》）といいます。

この安居の最終日（満月の15日か14日）においてお互いに自分の行為が律（ヴィナヤ）を犯さなかったか否かを反省しあい懺悔する自恣《じし》（pravāraṇa、プラヴァーラナ）が行われます。

比丘と比丘尼は毎月２回（陰暦15日の満月と30日の新月との両日の夜）、同一地域の比丘の全員が集まって波羅提木叉《はらだいもくしゃ》（prātimokṣa、プラーティモークシャ、僧伽の比丘・比丘尼が守るべき条文を集めたもの、戒本）を読み上げて、自己反省し告白懺悔します。これを布薩《ふさつ》といいます。もっとも、比丘尼の布薩は、長老の比丘を招いて、この比丘のもとで布薩を行います。在家信者（優婆塞、優婆夷）の布薩は六斎日《ろくさいにち》（8、14、15、23、29、30の日）に、一昼夜、八斎戒を守り、説法を聞いたり、僧尼に食事を献じたりして、身を慎んで過ごすのです。

サンガの構成・運営

サンガは平等の資格をもった出家者からなる比丘サンガ、または比丘尼サンガであり、物事の決定は全員一致を原則とします。たんなるお知らせから、提言、決議に至るまで、当該のサンガの全員が参加して決定する儀式を羯磨《こんま》（karma、カルマ）といいます。

簡単な問題の場合は１回の提案と１回の賛否の問いでよいのですが、重要な問題の場合は１回の提案（表白《ひょうびゃく》）と３回の賛否の問い（一白三羯磨で、これを白四羯磨《びゃくしこんま》といいます）によって、サンガの全員の承認が必要です。仲良く和合して修行に励むことが求められているのです。

例えば、具足戒の受戒は白四羯磨によって全員の賛成が必要とされます。

出家者が具足戒を受ける場合の要件

また、具足戒を授ける授戒には三師七証《さんししちしょう》の10人の比丘が必要であり、辺地においては5人（三師二証）でよいとされます。

三師とは戒和尚（和上、戒を授ける人）、羯磨師《こんまし》（授戒の儀式を主宰して司会をし、羯磨文を表白して賛否を問う）、教授師（教誡師、受戒者に作法を教え、さまたげとなる事柄の有無を調べる）の三師であり、七証とはそれを証明する7人の証明師《しょうみょうじ》（立会人）です。

在家者は出家して修行し悟りを得ることができる機会を待つ

在家者である優婆塞、優婆夷は五戒を守らなければなりません。そして、出家修行者に仕えて教えを聞き、その精神的な指導を受け、出家者に生活物資を布施して生活上の物質的な援助をするのです。

なぜならば、在家者は世俗生活をしていますので本格的な修行ができず、悟ることができません。したがって、五戒を守り、布施などの善行を行って功徳を積み、来世は天に再生することを願います。インド初期仏教では、在家者はこのように功徳を積んで天に再生するという輪廻転生《りんねてんしょう》を続けることにより、出家して修行し悟りを得ることができる機会を待つのです。

沙弥（沙弥尼）の十戒を受けて出家する

一方、出家者は、世俗生活を捨てて、頭髪を剃り、低い衣食住の生活（四依《しえ》）、すなわち糞掃衣《ふんぞうえ》（衣）、乞食《こつじき》（食）、樹下座《じゅげざ》（住）、腐爛薬《ふらんやく》（薬）の4つにもとづく生活をし、一所不住の遊行《ゆぎょう》をしながら、修行に励みます。

戒律の制約があって、労働や生産活動に従事せず、お金を扱うこともできません。したがって、出家者は在家者に精神的な指導を行い、在家者は出家者に物質的な援助をするという協力体制がとられたのです。

日本では、沙弥・沙弥尼の十戒を受けて剃髪し出家することを得度《とくど》といい、出家して僧尼になることを許可した文書を度牒《どちょう》といいます。出家の沙弥・沙弥尼は、一般に20歳以下の若い修行者であって、上記の十戒を守らなければなりません。沙弥は、具足戒《ぐそくかい》を受けて比丘となります。女性の沙弥尼は、2年間の式叉摩那《しきしゃまな》（六法を守る）を経て、具足戒を受けて比丘尼となります。

⑤　インド部派の伝える律

現存する６つの律

インドでは、紀元前１世紀頃、上座部《じょうざぶ》（保守的な部派）と大衆部《だいしゅぶ》（進歩的な部派）をあわせて、合計20の部派に分裂していたといわれます。それらの部派には、それぞれの自派の律（ヴィナヤ）がありましたが、現存するのは６種です。

【現存する６つの律】

①南方上座部（分別説部）のパーリ律（現存中では最古）	比丘の227条、比丘尼の311条
②法蔵部（上座部系）の四分律《しぶんりつ》	比丘の250条、比丘尼の348条（大正蔵22、No. 1428）、中国では四分律宗が成立
③化地部《けじぶ》（上座部系）の五分律《ごぶんりつ》	比丘の251条、比丘尼の380条（大正蔵22、No. 1421）
④説一切有部《せついっさいうぶ》（上座部系）の十誦律《じゅうじゅりつ》	比丘の戒本263条、広律257条、比丘尼の358条、広律355条（大正蔵23、No. 1435）
⑤大衆部の摩訶僧祇律《まかそうぎりつ》	比丘の218条、比丘尼の290条（大正蔵22、No. 1425）
⑥根本説一切有部《うぶ》の根本説一切有部毘奈耶《びなや》	比丘の258条（大正蔵24, NO. 1454では249条）、比丘尼の366条（大正蔵24, NO. 1455では357条）、Tib. チベット大蔵経（東北目録Nos. 1-7, 大谷目録Nos. 1020-1037）、Skt. ギルギット写本、Ch. 大正蔵23、No. 1442。

大正蔵とは漢訳仏典の『大正新脩大蔵経』です。

東北目録とはチベット語訳の仏典『チベット大蔵経』のうち、東北大学図書館所蔵『デルゲ版西蔵大蔵経目録』、大谷目録とは大谷大学所蔵『北京版西蔵大蔵経目録』です。

ギルギット写本とは、インド国カシミール地方のギルギットで発見されたサンスクリット語写本です。

⑥　五篇罪《ごひんざい》

戒を犯した場合の罪の種類とその罪から回復する方法

戒を犯した場合の罪の種類や、その罪から回復する方法について、上記の各々の律は、細部を除き大略同じであるので、四分律の場合をみてみましょう。

四分律では、比丘、比丘尼の具足戒について、罪の種類から五篇《ごひん》、細分すると七聚《しちしゅ》に分けます。

五篇罪とは次表のようになります。

【五篇罪】

罪の種	罪の内容と罪から回復する方法
(1) 波羅夷罪《はらいざい》	比丘は①不淫、②不偸盗、③不殺生、④不大妄語の４か条(因みに比丘尼は８か条)。これを犯せば教団から追放されます。
(2) 僧残罪《そうざんざい》	故意に他人をそしるなどの13か条を犯せば６日間の別住、禁足。出罪するには20人以上の比丘の前で懺悔しなければなりません。
(3) 波逸提罪《はいつだいざい》	次の捨堕法か単堕法を犯した場合の罪。 ①30か条の尼薩耆波逸提法《にさつぎはいつだいほう》(捨堕法) 衣、鉄鉢、敷具、金銀など財物の不正所得を禁ずるもの。これを犯せばその不正所得品を４人以上から成るサンガに棄捨し、懺悔することによって許されます。 ②90か条の波逸提法（単堕法） 小妄語や両舌などの90か条を犯せば、３人以下の比丘に告白懺悔することにより許されます。 因みに、男女関係について疑わしい行為があった場合（２か条）、上記の波羅夷罪か僧残罪か波逸提罪のどれに相当するかが未だ決定していない不定法《ふじょうほう》があります。
(4) 波羅提提《はらだいだい》舎尼罪《しゃにざい》	４か条。食事に関する不正行為を禁ずるもの。１人の比丘(法臘10年以上）の前で懺悔すれば許されます。
(5) 突吉羅罪《ときらざい》	悪作罪《おさざい》。100か条の衆学法《しゅがくほう》を犯した場合や、犍度部《けんどぶ》の規定を怠った罪や上記の波羅夷罪や僧残罪の未遂罪に至らない間に気づいてやめた場合の罪。 故意に犯した場合は１人の比丘の前で懺悔、故意でない場合は自分で反省懺悔すれば許されます。

七聚《しちしゅ》というのは

七聚というのは、五篇《ごひん》を細分したものです。

上表の突吉羅罪を⑸悪説罪《あくせつざい》（言語に関する罪）と、⑹悪作罪（行為に関する罪）に分け、それに⑺偸蘭遮罪《ちゅうらんじゃざい》（未遂罪）を加えて七聚とします。

この偸蘭遮罪は、重と軽の二種があり、犯す一歩手前のところが重罪、犯すにはやや離れていたのを軽罪とします。

例えば、５銭を盗めば波羅夷罪ですが、５銭に手をかけたが盗まなかった場合や４銭を盗んだ場合はこの偸蘭遮罪の重罪、３銭以下を盗んだ場合は偸蘭遮罪の軽罪です。重罪は全比丘に対して罪を告白して懺悔しなければなりませんが、軽罪は比丘４人に懺悔すれば許されます。

下野薬師寺の戒壇院

下野薬師寺の戒壇では８世紀中頃から授戒が行われたのですが、11 世紀末から行われなくなりました。比叡山延暦寺の戒壇で受戒する人が多くなったのが機能停止の原因の１つであると考えられています。

この薬師寺は広大な敷地（東西約 250m、南北約 330m）を有していました。

今はその跡地に安国寺（真言宗智山派）が建っていて、下野薬師寺の法統が伝えられています。

戒壇院跡（下野薬師寺、天下の三戒壇の１つ、栃木県下野市）

❷ 大乗仏教の戒を伝える著作

サムイェー大僧院全景、チベット　（川越英真氏撮影）

①　大乗の菩薩戒の学習に依用された２著作

インド・チベット仏教では２系統の菩薩戒が儀軌類と共に展開

約４世紀頃に成立したとされる『瑜伽師地論《ゆがしじろん》』は、中期大乗仏教（４世紀頃から６世紀頃）に属する代表的な瑜伽行派《ゆがぎょうは》の論典ですが、その「本地分《ほんじぶん》」中の第15「菩薩地《ぼさつじ》」における第10章『戒品《かいほん》』では大乗の菩薩戒が説かれています。この菩薩戒が一般に「瑜伽戒」といわれます。

インド・チベット仏教における大乗の菩薩戒については、この『戒品』で説かれる瑜伽戒、いわゆる①アサンガ（Asaṅga、無著《むじゃく》）流と、『入菩提行論』や『大乗集菩薩学論』などにもとづいた②シャーンティデーヴァ（Śāntideva、寂天《じゃくてん》）流とが、インド・チベット仏教ではいくつかのあった流儀のうちの二大系統でした。

１つは、アサンガ（無著）流、唯心流とはマイトレーヤ（Maitreya、弥勒《みろく》）、アサンガ、チャンドラゴーミン（Candoragomin）と伝統した瑜伽行の系統（広大行流　rgya　chen　spyod　paḥi　srol）です。

もう１つは、シャーンティデーヴァ（寂天）流、中観流《ちゅうがんりゅう》とはマンジュシュリー（Mañjuśrī、文殊《もんじゅ》）、ナーガールジュナ（Nāgārjuna、龍樹）、シャーンティデーヴァと伝統した中観の系統（甚深見流、zab　mo　lta　baḥi　srol）です。

インドの中期大乗仏教以降、及びチベット仏教では、主にこの２系統の菩薩戒が儀軌類と共に受容されて展開したのです。

因に、日本で大乗仏教の戒と言えば、中国成立の梵網戒《ぼんもうかい》が主流でした。

瓔珞戒（『菩薩瓔珞本業経』で説く）も中国成立です。

主にインドとチベットで受容され流布した大乗の菩薩戒（瑜伽戒）

中観派の シャーンティデーヴァ（寂天、約685-763年頃）は、多くの経典を引用して菩薩の学ぶべき事柄を説いた『大乗集菩薩学論』、菩薩の六波羅蜜行に基づき菩提を得るための実践を説いた『入菩提行論』を著しました。

この２著作は、シャーンティデーヴァ流（所謂、中観流）を説くものとして、大乗菩薩戒の学習に依用されたのです。

因みに、この『大乗集菩薩学論』については、シャーンティデーヴァの『入菩提行論』 においても、「正しい行法が詳細に示されているので『大乗集菩薩学論』を繰り返し見るべき」と述べられています。

ここでは、『戒品』で説かれた大乗の菩薩戒（瑜伽戒）がインドとチベットにおいて受容され流布し展開した一端を主要な文献をあげて概観しましょう。

なお、チベットで著された三律儀関係の文献は、小乗（声聞・独覚）の別解脱律儀と大乗の菩薩律儀、密教の真言律儀の３つの相互関係を中心主題とする文献です。

チベットでは、サキャ・パンディタ（Sa skya Paṇḍita、1182-1251）著『三律儀細別』〈Sdom pa gsum gyi rab tu dbye ba〉を始め多くの三律儀文献が著されました。戒律や教理、実践の視点からこの小乗と大乗、密教の３つの関係が考察されたのです。

一人の修行者がこの三者を矛盾なく理解し実践するためには、「所作は小乗、心は大乗、行（practice）は密教 」が目指すべき目標と考えられています。

シャーンティデーヴァ

② チャンドラゴーミン著『律儀二十』

『戒品』で説かれた菩薩戒の内容を20の偈頌に要約

『戒品』で説かれた菩薩戒の内容を20の偈頌《げじゅ》（詩）に要約したものがチャンドラゴーミン（約7世紀後半）が著した『律儀二十』（東北目録No.4081，大谷目録No.5582；以下、『律儀二十』と略します）です。

このチャンドラゴーミン（約5世紀頃の文典家チャンドラゴーミンとは別人です）は、八斎戒を守るゴーミンの優婆塞となり、菩薩道を瑜伽行の典籍にもとづいて教え、菩薩の理想を達成すべき模範の人であると考えられていました。

大乗の菩薩戒（菩薩の律儀）を学修する際の基本的文献として使用

瑜伽戒はこの『律儀二十』と共に、インド・チベットに流伝し展開していきます。つまり、この『律儀二十』は、インド・チベットにおいて、大乗の菩薩戒（菩薩の律儀）を学修する際の基本的文献として使用されたのです。

広大行流と甚深見流

希有なる2人の阿闍梨《あじゃり》の チャンドラゴーミン と シャーンティデーヴァは、チベットでは、「（大乗の菩薩戒に関して）最勝なる者2人」といわれて有名でした。

菩薩戒には、①弥勒・無著・チャンドラゴーミン の瑜伽行の系統（唯心流、広大行流）と、②文殊・龍樹・シャーンティデーヴァの中観の系統（中観流、甚深見流）があります。

チベットの流伝《るでん》前期では前者が菩薩行の指針であったのですが、流伝後期（衛・蔵地方で律の復興が始まる978年以降、またはアティーシャがチベットに到着した1042年以降）では両系統が比べられるようになります。

サキャパンディタ（1182-1251）以後、サキャ派は両者を区別しましたが、ツォンカパ（1357-1419）は両者を融合させました。

③　シャーンタラクシタ著『律儀二十註』

『律儀二十』に対する注釈書

『律儀二十』に対する注釈書『律儀二十註』（東北目録No.4082，大谷目録No.5583）をシャーンタラクシタ（約725-788年頃、シワツォ、寂護；彼の著作には『摂真実論』『中観荘厳頌・註』『二諦分別難語釈』などがある）が著しました。

インドのナーランダ僧院の長老のシャーンタラクシタは、仏教をチベットの国教にしたテイソンデツェン王（754-796在位）によってチベットに招かれて、779年には、チベット人で最初の出家者6（または7）人（試みの6（または7）人といわれる）にチベットにおいて最初に小乗（根本説一切有部）の比丘戒（具足戒）を授けたことは有名です。

これ以降、チベット仏教では比丘戒は根本説一切有部のものを受け、修学するのです。

『戒品』所説の発心と菩薩戒を授けるシャーンタラクシタ

シャーンタラクシタは、サムイエー大僧院の北側にある兜率《とそつ》発心院でも、「菩薩の発心と菩薩の律儀」（すなわち瑜伽戒）を授けました。

『律儀二十註』を著したシャーンタラクシタが、チベットにおいて、比丘戒のみならずこの『戒品』所説の大乗の菩薩戒（瑜伽戒）を授けたのです。

シャーンタラクシタは、ボーディサットヴァ（Bodhisattva、菩薩）と呼ばれましたが、プトンはシャーンタラクシタを(a)Slob dpon Bodhisattva《ロツ プウン ボーディサットウ゛ァ》（清弁の中観の自立論証派スワータントリカの系譜につらなり、瑜伽行中の法を説く出家の菩薩）と(b)Mkhan po Bodhisattva《ケン ポ ボデイサットハ゛》（瑜伽戒を授ける菩薩）とに区別していて、『戒品』所説の発心と菩薩戒（瑜伽戒）を授けるシャーンタラクシタをMkhan po Bodhisattvaといっています。

菩薩の発心と菩薩の律儀とは

シャーンタラクシタが授けたこの「菩薩の発心と菩薩の律儀」とは、『戒品』所説の大乗の菩薩戒を意味します。

すなわち、菩薩の「発心と律儀」とは、『戒品』で説かれた大乗の発菩提心の作法と菩薩戒（瑜伽戒）です。

『律儀二十註』は実修的な菩薩戒本《かいほん》・羯磨《こんま》本の類書のようなもの

シャーンタラクシタが著した『律儀二十註』は、実修的な菩薩戒本・羯磨本の類書のようなものです。

『律儀二十註』は『律儀二十』の各偈頌を、ほとんど『戒品』の本文を引用しつつ、菩薩律儀を受ける受戒作法（従他受法と自誓受法）、受戒の功徳、戒を護持する一般的な方法、菩薩律儀を犯した場合の還浄《げんじょう》方法（発露懺《はつろさん》悔法《げほう》）、４種の他勝処法《たしょうしょほう》、44 の違犯《いぼん》、無違犯《むいぼん》の状態などに関して解説しています。

『目録デンカルマ』（824 年成立、デンカル宮殿で作成されたもの）には、「比丘の軌則 , シャーンタラクシタ御作 ､50 シュローカ」（芳村目録 No.512）とありますので、比丘の戒に関係するものの著作もシャーンタラクシタにあったことがわかります。

実際に、サムイエー大僧院の東北には比丘戒（具足戒）が授けられる清浄戒院や、北側には大乗の菩薩戒、すなわちこの瑜伽戒が授けられる兜卒《とそつ》発菩提心院がありました。

因みに、シャーンタラクシタの弟子で中国の和尚摩訶衍《まかえん》と論争をしたカマラシーラ（蓮華戒、約 740-795 年頃）は、〈バーヴァナークラマ〉（修習《しゅじゅう》次第《しだい》）中編において、２種の菩提心（世俗の菩提心と勝義の菩提心）を定義しています。それによると、「世俗の菩提心とは、慈悲をもってすべての有情を抜済《ばっさい》せんと誓ってから、衆生を利益《りやく》せんがために、私は仏（ブッダ）になりたいと考えて、無上正等菩提を欲する最初の心をおこすことです。つまり、『戒品』で教示された儀軌に従って、菩薩の律儀を保持せる他の善巧者《ぜんぎょうしゃ》にもとづき発心すべきです」と説いています。

したがって、カマラシーラも、『戒品』（『菩薩地』の第 10 章『戒品』）の菩薩戒を用いたと考えられます。大乗の菩薩戒については、カマラシーラもこの瑜伽戒を保持していたのです。

『戒品』本文の文章をほぼそのままの形で引用

さて、『律儀二十註』には、『戒品』所説の９項目（①自性戒、②一切戒、③難行戒、④一切門戒、⑤善士戒、⑥一切種戒、⑦遂求戒、⑧此世他世楽戒⑨清浄戒）からの本文引用が全くありません。

さらに②一切戒について説く本文の部分のうち、三聚浄戒《さんじゅじょうかい》（律儀戒《りつぎかい》、摂善法戒《しょうぜんぽうかい》、饒益有情戒《にょうやくうじょうかい》）の個所からの引用もありません。

つまり②一切戒のうち、受戒作法、受戒の功徳、戒を護持する一般的な方法、懺悔法、自誓《じせい》受戒法、４種の他勝処法、44条（または42条、43条、46条、48条など条数の数え方は種々ある）の違犯《いぼん》、無違犯の状態に関する『戒品』本文の文章をほぼそのままの形で引用して、『律儀二十』の各偈頌の解説としています。

『律儀二十註』は、いわば『戒品』にもとづいた『菩薩戒本』と『菩薩戒羯磨文』のようなものに相当します。

なお、漢文には、玄奘《げんじょう》『菩薩戒本』（大正蔵No.1501、４他勝処法、悪《お》作《さ》、発露懺悔法）、玄奘『菩薩戒羯磨文』（大正蔵No.1499、『戒品』本文の懺悔羯磨、受戒羯磨、自誓受法）、曇無讖《どんむしん》『菩薩戒本』（大正蔵No.1500、『戒品』本文の４他勝処法、42犯事《ぼんじ》）の他に、新出の遁倫《とんりん》（新羅僧、唐時代650－730年頃）の『菩薩戒本記』（他勝処法による犯事、43軽戒《きょうかい》を解説）、遁倫の『菩薩戒羯磨記』（受戒法、受戒の功徳、受戒後の供養の方法、菩薩戒と声聞戒《しょうもんかい》の特性の区別、戒護持の要義、授戒師の性質、受戒者の選択、受戒者を観察すべきこと、自誓受戒法を解説）（『菩薩戒本記等七種合刊』台湾：新文豊出版公司、1977年）等があります。

シャーンタラクシタ自身の若干の説明挿入

『律儀二十註』には、シャーンタラクシタ自身の若干の説明が挿入されています。この若干の付加部分は、シャーンタラクシタがチベット人に菩薩律儀を授けたり講義した際の説明に当たるかもしれません。

このように、流伝前期において シャーンタラクシタや カマラシーラを通して、『戒品』の大乗の菩薩戒（瑜伽戒）がチベットに伝来していたのです。

④　ボーディバドラ著『律儀二十難語釈』

『律儀二十』に対する註釈書

アティーシャ（982-1054）が師事した師匠のうちの１人である ボーディバドラ（1000 年頃在世）は、このチャンドラゴーミン著『律儀二十』に対する註釈書『菩薩律儀二十難語釈』（東北目録 No.4083，大谷目録 No.5584；以下、『律儀難語釈』と略します）を著しました。

ヴィクラマシーラ寺の北門の守護者ナーローパの跡を継いだ長老ボーディバドラ は、完全なる菩薩行を具足し、大・小乗の学問と実践、特に『菩薩地』に精通した人であります。

『律儀難語釈』は、『律儀二十註』と異なり、『戒品』所説の９項目、①自性戒、②一切戒において説かれた三聚浄戒、③難行戒～⑨清浄戒の本文の文章を引用して註釈を加えています。

『大乗荘厳経論』『菩薩地第８章力種姓品』からの引用もみられます。『律儀二十』第５偈の４種の他勝処法の原因を説く偈頌に対しては、『虚空蔵経』の潅頂刹帝利《せっていり》王の５つの根本罪をもあげています。

これについて後のツォンカパは、『菩提正道』においてこれを不合理だと批判しています。

『律儀難語釈』はチベットの流伝後期に影響を与えた

『律儀難語釈』では、『律儀二十』の第６、７偈の他勝処法４種と第９偈 a ～ 20 偈 b の悪作罪 44/46 種の各条項が、『戒品』所説の三聚浄戒のどの項目に該当するかを説いています。

これは、『律儀二十註』や後述のタクパ・ギェルツェン （1147-1216）のもの（『二十偈頌の註疏』）にみられない特色です。

ボーディバドラ には、この他に『菩薩律儀儀軌』（東北目録 No.3967 = 4491，大谷目録 No.5362 = 5404）の著作もあります。

これは、 アサンガ の『戒品』とナーガールジュナ（7 ～ 8 世紀在世；大乗仏教の教理を確立した龍樹ではない）が著したとされる『発菩提心儀軌』

（東北目録.No.3966 ＝ 4492、大谷目録 No.5361 ＝ 5405）とを融合して、従他受法と懺悔・三帰依・発菩提心・福徳廻向の作法、自誓受法の受戒作法を説いた儀軌です。

『律儀難語釈』は、弟子の アティーシャによってチベットの流伝後期に影響を与えたのです。それは後述のアティーシャが著した『発心と律義との儀執次第』などにみられます。

チベット大蔵経の論疏部の唯識部に収められた理由

このチャンドラゴーミンとシャーンタラクシタとボーディバドラの著作については、プトン（1290-1364）が「この チャンドラゴーミン，シャーンタラクシタ，ボーディバドラ は唯識の教説を持つ人ではないが、チベットにおいてこれらは唯心流と称されていて、その所説も『菩薩地戒品』という章に従っているので、行《ぎょう》と所学を説くこの『律儀二十』、『律儀二十註』、『律儀難語釈』をここチベット大蔵経の論疏部（Tanjur）の唯識部に書いた」と述べています。

ナーランダ僧院、インド国（古坂紘一氏撮影）

⑤　アティーシャ著『発心と律儀との儀軌次第』

『戒品』に従って著した作品

アティーシャ（またはアティシャ、982-1054）がアサンガ作の『戒品』に従って著した『発心と律儀との儀軌次第』（東北目録No.3969＝4490，大谷目録No.5364＝5403）において、『戒品』と『律儀二十』を受者に釈説すべきであると説いています。

彼が著した『菩提道燈』やその『菩提道燈難語釈』でも、『戒品』と『律儀二十』に加えて、ボーディバドラ著『律儀難語釈』等を依用し、アサンガ流とシャーンティデーヴァ流の菩薩律儀（すなわち大乗戒）を採用しています。自誓受戒法も『戒品』に詳しいと述べています。

そして「律儀を受ける儀軌」は、阿闍梨アサンガがおつくりになった『戒品』やアティーシャがつくった儀軌（『発心と律儀との儀軌次第』東北目録No.3969=4490；大谷目録No.5364=5403）を見るべきであると述べています。

シャーンティデーヴァ著 『大乗集菩薩学論』『入菩提行論』や『大乗荘厳経論』、『戒品』、『律儀二十』の絶えざる学習も勧めています。

小乗戒と大乗戒について説く

そして、『菩提道燈』やその『菩提道燈難語釈』において、小乗戒と大乗戒、受戒法、三聚浄戒について次のように説きます。

小乗の別解脱律儀と大乗の菩薩律儀については、七衆の別解脱律儀（比丘、比丘尼、沙弥、沙弥尼、式叉摩耶、優婆塞、優婆夷（七衆）の守るべき戒）のうちのどれか１つの律儀を保持する人は菩薩律儀を正しく受けるにふさわしい器です。菩薩にとっても別解脱律儀は必要である、と述べています。

受戒法については、従他受法はアサンガ流、すなわち『戒品』の説く作法、自誓受法（戒師がいないとき、自ら誓って戒を受ける方法）はシャーンティデーヴァ流に従うのがよいと説いています。

三聚浄戒については、律儀戒は身・語を清浄にし（十善業のうちの前七業）、摂善法戒と饒益有情戒は心を清浄にすると述べています（十善業の後三業）。

律儀戒は、①〈遮罪《しゃざい》（釈尊が禁じたもの）を護る〉別解脱の七衆の律儀、②〈性罪《しょうざい》（それ自体が罪である行い。殺生、偸盗など）を護る〉十善の護持であり、摂善法戒は律儀を受けてのち、身・口・心によって善を積集すること（特に聞思修に努めること、つまり十波羅蜜、四摂事、四無量心の３つであり、菩提心を自性とするもの）、饒益有情戒は有情の苦しみを取り除こうという心を起こすことであり、すべての善を他人のために回向することである、と述べています。

ちなみに、十波羅蜜とは布施、持戒、忍辱、精進、禅定、智慧と方便、願、力、智の 10 の完成である。四無量心（４つのはかりしれない利他という広大な心）とは、慈（いつくしみ友情の心）、悲（他人の苦しみに対する思いやり）、喜（他人を幸福にする喜び）、捨（すべてにとらわれを捨てること）である。四摂事《ししょうじ》（人々を救うために、人々をおさめて守る４つの方法）とは、布施（財施と法施）、愛語（やさしい言葉をかける）、利行（三業の善行にもとづき、人々に利益を与える）、同事（相手と同じ立場に身をおく）である。

アティーシャ像、ネナンのドルマ堂、チベット

⑥　タクパ・ギェルツェン著『二十偈頌の註疏』

『律儀二十』に対する註釈書

『戒品』や『律儀二十』に対するチベット選述の註釈書としては、サキャ派のサチェン・クンガニンポの息子で「梵行《ぼんぎょう》の優婆塞」の律儀を受持したジェツゥン・タクパ・ギェルツェン（1147-1216）の著した『二十偈頌の註疏』があります。

これは『律儀二十』に対する註釈書です。

『二十偈頌の註疏』の特徴

『二十偈頌の註疏』の特徴は、別解脱（プラーティモークシャ）には声聞の別解脱と菩薩の別解脱の２種があり、菩薩には誓願心が大切であること、すなわち、菩薩の別解脱は菩薩律儀を獲得し保持するための依処《よりどころ》ですが、声聞の別解脱は菩薩律儀を獲得し保持するための依処ではありません。

以前に声聞の別解脱を得たならば、その後に菩薩律儀を得たとき、以前の声聞の別解脱は菩薩律儀に住するようになります。以前に声聞の別解脱を得なかったならば、菩薩の誓願心をおこした正にそのとき、菩薩の別解脱を得るのである、と主張します。

発菩提心（誓願発心と発趣発心）のうち、誓願発心が菩薩の別解脱 の特質であるとしています。この発心によって声聞の別解脱から区別されます。さらに彼は、別解脱律儀は菩薩律儀を獲得するための、そして、保持するための依処ではないとして、別解脱が菩薩律儀にとって前もって不可欠なものであるという考えを否定して、次のように主張しています。

①声聞の律儀と菩薩の律儀とでは、その意楽《いぎょう》（心の向き方）も実修《じっしゅ》（実際に行うこと）も異なります。別解脱律儀は菩薩律儀の生起のための依処ではありません。菩薩律儀の生起のための依処は菩提心です。

さらに、別解脱律儀が菩薩律儀の保持のための依処でもありません。なぜならば、別解脱律儀は死のときに捨てられますが、菩薩律儀は来生へ継続するからです。

②阿闍梨から菩薩律儀を受ける儀軌《ぎき》として、二種の菩提心を受持する儀軌すなわち、(イ)誓願心を受持する儀軌と、(ロ)発趣心を受持する儀軌の2つを挿入し、後者の発趣心を受持する儀軌については『戒品』に説かれていると見做しています。

③『律儀二十』の第9偈aから第17偈bまでは摂善法(六波羅蜜の実行)に逸脱34条、第17偈cから第20偈bまでは饒益有情に逸脱12条、計46条に相応すると見做しています。

この見解を後のツォンカパやグルチュ・ダルマバドラが継承しています。

④非染汚《ひぜんま》(煩悩のけがれのないこと)の過失について、非染汚の過失は自分の心で懺悔し、煩悩の大・中・小を染汚・非染汚の過失の程度と見做しています。

彼は主としてシャーンタラクシタ著『律儀二十註』に重点をおいて、『二十偈頌の註疏』を著作しました。

タクパ・ギェルツェン

⑦　ツォンカパ著『菩提正道』

『戒品』全体に対する註釈書

ツォンカパ（1357-1419）が著した『菩提正道』（東北蔵外目録No.5271，大谷目録No.6145，東洋文庫蔵外54-781，大谷蔵外目録No.10013）は、『戒品』全体に対する註釈書です。

ツォンカパ著『菩提正道』では、菩提心をおこし、学處を修学し、六波羅蜜を実践し、菩薩律儀を受持することが、波羅蜜乗と真言乗とに共通して必要であると述べています。

ちなみに、大乗は波羅蜜乗と真言乗から成るのです。

真言行者もこの菩薩律儀を受持すべきであるという観点から、『戒品』の解説がなされています。

そして、「別解脱は菩薩律儀の生起と保持のための障害である」という見解に対して次のように反論しています。

菩薩律儀の生起の際には、小乗の意楽《いぎょう》を捨てなければなりませんが、別解脱律儀を捨てる必要はありません。大乗の菩薩も別解脱律儀を保持するのが望ましいといっています。

ツォンカパは、『戒品』の海雲註（東北目録No.4047，大谷目録No.5548）、いわゆる最勝子註（東北目録No.4046，大谷目録No.5547）、徳光註（東北目録No.4045，大谷目録No.5546）、シャーンタラクシタ著『律儀二十註』、ボーディバドラ著『律儀難語釈』、アティーシャ著『菩提道燈』とその注釈書『菩提道燈難語釈』等をはじめ、『大乗荘厳経論』『大乗集菩薩学論』『入菩提行論』『修習次第』など各種の経典を依用・引用しています。

『大乗集菩薩学論』所説の根本罪を説く

“菩薩律儀を護持する方法”を説く章の他勝処法を解説する個所では、「シャーンティデーヴァも根本罪を説き、『虚空蔵経』と『菩薩地』との二義を摂して説いたので、両方の理趣を混合すべきである」として、『戒品』

所説の他勝処法４条に加えて、『大乗集菩薩学論』所収の『虚空蔵経』にもとづいたシャーンティデーヴァ自作の摂頌の一部の根本罪 14 条と、ボーディバドラ やアバヤーカラグプタ（約 1084-1130） 等４人の説に対する反論４条とを合せた 18 条を、『大乗集菩薩学論』所説の根本罪としてあげています。

この点について、次に述べるグルチュ・ダルマバドラ（1772-1851） は、このツォンカパと見解を異にしています。

悪作罪（突吉羅《ときら》罪、最も軽い罪）については、先の タクパ・ギェルツェン の分段を踏襲しています。

ツォンカパ

ツォンカパは、戒律だけではなく教理においても再構成して、顕教と密教の教理・実践の体系を矛盾なくまとめあげたのです。

⑧　グルチュ・ダルマバドラ述『菩提正道の心髄』

講義をジェドゥン・ツェリンが書き留めた

『菩提正道』に対してゲールク派のグルチュ・ダルマバドラ（1772-1851）が行った講義を ジェドゥン・ツェリンが書き留めた『菩提正道の心髄』（LMpj 014，209，IASWR，New York；東北蔵外目録 No.6418，以下、『心髄』と略します）があります。

この『心髄』は（A）『律儀二十』に対する解説と、（B）シャーンティデーヴァ著『大乗集菩薩学論』中の彼自作の摂頌とに大別されます。（A）ではツォンカパ著『菩提正道』と異なった見方で 18 根本罪がたてられます。

『律儀二十』に対する解説

そのうち、（A）『律儀二十』に対する解説では、まず、在家者と出家者の菩薩の戒は①悪行を防止する戒、②善を摂する戒、③有情を饒益する戒の３つに分かれていますが、この中に一切の菩薩行が含まれています。

①は十不善の捨離、または七衆の別解脱律儀を受け、その学処に基礎を置いた上に菩薩の学処（学ぶべき事柄、戒めのこと）に逸脱することを捨てること、②は六波羅蜜の修学、③は有情利益を行うこと、と説いています。

菩薩のなすべきことは、①②の自分の相続《そうぞく》を成熟せしめる方便と③の他人の相続を成熟せしめる方便です。

それを説いたものは、『律儀二十』と『大乗集菩薩学論』との２書であるとして、『律儀二十』の題名の意味、帰敬頌を解説してのち、『律儀二十』の各偈の意味を説いています。

律儀を受ける句（『律儀二十』の第１～３偈）

それは、（a）律儀を受ける句（『律儀二十』の第１～３偈）と、（b）律儀を受けて護持する仕方（『律儀二十』の第５～ 20 偈）に分かれます。

『律儀二十』の第１偈 ab は、“前行の儀則”を説いています。次に資糧《しりょう》（修行のもととなる善根・功徳）の積集《しゃくじゅう》と覆障《ふくしょう》（煩悩・罪過）の浄化を努め、誓願心をおこし、学処を聴聞し、自から受けたいという願望をおこすべきだ、と述べています。

第1偈c～第2偈dは"正行の儀則"を説いています。受者と授者について解説し、適切な授者がいなければ、自誓受戒をなすべきで大乗の布薩《ふさつ》も同様だ、と述べています。

第3偈は"終行の儀則"を説きます。菩薩律儀を受けた功徳を述べた偈です。

『律儀二十』の第1偈abは、①護持する仕方を一般に示したものと、②護持する仕方を別々に示したものに2分しています。

菩薩戒を護持する仕方を一般に示したもの

菩薩戒を護持する仕方を一般に示したものは、有情の利益と安楽になることをなすべきを述べた『律儀二十』の第4偈です。どの註釈においても、この第4偈に対してだけ、『戒品』本文の文章が対応させられていません。

第4偈は、シャーンティデーヴァ著『大乗集菩薩学論』のカーリカー（本頌）第1偈や『入菩提行論』の第8章95～96偈との類似性が考えられます。

菩薩戒を護持する仕方を別々に示したもの

菩薩戒を護持する仕方を別々に示したものは、次の4つに分けられています。

（1）　他勝処について

他勝処を生ぜしめる仕方として、①他勝処の共通の支分たる纏《てん》を説いた第4偈と②各々の他勝処の独自なる支分を説いた次の4他勝処です。

①利得・恭敬に執着する他勝処（第6偈ab）

②財物を吝嗇《りんしょく》する他勝処（第6偈cd）

③有情を加害する他勝処（第7偈ab）

④法を誤って与える他勝処（第7偈cd）

この4つの他勝処法、すなわち4根本罪を分けて8根本罪とする説は認められています。

（2）　犯したとき罪からの回復の仕方について

犯したとき罪からの回復の仕方は他勝処と悪作の二種違犯からの回復の仕方であり、第8偈で説かれています。

大品の纏《てん》（煩悩のまとわり）によって犯した場合は律儀を再び受けます。

中品の漏《ろ》による違犯は3人に懺悔します。

小品の漏（汚れ、煩悩）と悪作（後述の第9a〜20b偈の違犯）は1人に対して懺悔します。適切な人がいない場合は、自分1人での受戒、自分だけでの懺悔も可能です。

『入菩提行論』第5章98偈「日中と夜3回、三聚（過犯懺悔、福徳随喜、菩提回向）を誦すべきにして、勝者と菩提心とに依存して余罪をそれによって鎮めるべきだ」を引用し、五体投地と罪の告白によって異熟《いじゅく》（行為の結果）を浄化すべきだ、と説いています。

（3）　悪作（罪）について

悪作（罪）は46条の悪作を説いた第9a〜20b偈です。これは、①摂善法に逸脱すること34条、②饒益有情に逸脱すること12条に2分します。

①の摂善法に逸脱すること34条は、（1）第9a〜10c偈は布施、（2）第10d〜12d偈は戒、（3）第13a〜13d偈は忍辱、（4）第14a〜14c偈は精進、（5）第14d〜15b偈は禅定、（6）第15c〜17b偈は般若の、それぞれ六波羅蜜の徳目に逸脱する条項です。

②の饒益有情に逸脱すること12条については、細分されていません。

声聞・独覚の別解脱と大乗の菩薩律儀との関係を述べた第11偈ab、憐《れん》愍《みん》と善巧方便とをそなえていれば、性罪（殺生、偸盗、非梵行、妄語、離間語、麁語、綺語）の7つの行為が許容されることを説いている第11偈cなどは、この菩薩戒の特色です。

ボーディバドラが説いているこれらの条項と三聚浄戒との関係を述べた事項はここでは採用されていません。

（4）　無違犯について

無違犯について解説したものは第20偈cdです。先述の各種の各項に抵触することも、有情に対する悲愍《ひみん》と愛憐《あいれん》をもち利他の清浄なる意楽をもって行ったならば違犯とはならない、と説くのです。

『大乗集菩学論』所説の根本罪を解説

ダルマバドラは、（B）シャーンティデーヴァ著『大乗集菩学論』所説の根本罪を解説しています。

ダルマバドラは、『大乗集菩薩学論』のシャーンティデーヴァ自作の摂頌は『虚空蔵経』と『方便善巧経』と『菩薩地』とに出る根本罪を説いた偈頌であるとみています。

『虚空蔵経』に出る根本罪

虚空蔵経に出る根本罪を説くものとして次の偈頌を順次解説しています。

【『虚空蔵経』に出る根本罪】

1条	三宝の財物を奪ったことは 波羅夷《はらい》の罪であるといわれる。	（三宝の財物を盗むという他勝処）
2条	正法を誹謗することは第２番目の波羅夷なりと牟尼《むに》(muni，釈尊）がお説きになったものである。	（正法を捨てるという他勝処）
3条	破戒の比丘に対して、袈裟《けさ》（カーシャーヤ）を奪いとりその人を打ち牢獄に入れて、出家を捨てさせる。	（出家者を加害するという他勝処）
4条	五無間を行う。	（五無間業《ごむけんごう》を行うという他勝処）
5条	邪見をもつ	
6条	聚落などの破壊も根本罪であると勝者《しょうしゃ》（勝利者、仏のこと）がお説きになった。	
7条	智慧（ブッディ）の未熟な有情に空性《くうしょう》を説く。	（非器たるものに甚深なることを説く他勝処）
8条	仏性に住せる者たちに正覚を捨てさせる。	（大乗を捨てる他勝処）
9条	波羅提木叉を捨てて大乗に置く。	（波羅提木叉を捨てる他勝処）
10条	「教えられるべき乗物（声聞･独覚乗)は、貪執（ラーガ）などを捨てるのに役立たない」と考え、他人たちにもそう考えさせる。	（声聞乗を誹謗する他勝処）
11条	自分の徳をほめたたえ、利得と恭敬《くぎょう》と賞讃のために、他人を非難する。	（自讃毀他《じさんきた》の他勝処）
12条	「私は甚深なる忍耐をもつ者だ」と偽っていう。	（人にすぐれた法を得たと妄語する他勝処）

13条	沙門を罰せしめる。三宝に属する物を与えさせる。三宝から与えられる物を受取らせる。	(三宝の財物を与えられ受取る他勝処)
14条	止（シャマタ、心を１つの対象にとどめること）を捨てさせる。 三昧のために完全に隠遁せる人の受用物を読誦者に与える。	(悪い規則を制定する他勝処)
	それらは根本罪だ。	

以上の 14 条に分けられた摂頌のうち、1 条～ 4 条は王と大臣とに共通の根本罪、5 条は王だけの根本罪、6 条は大臣だけの根本罪、 7 条～ 14 条は初業者（修行をはじめたばかりの人）の根本罪とします。

しかし、次の解説はツォンカパ著『菩提正道』に見られません。すなわち、ダルマバドラは、摂頌「それらは大有情地獄に落ちる因である」を根本罪の過患《かげん》（あやまち）を説いたもの、摂頌「それらを夢の聖なる虚空蔵の前に立って、懺悔すべきだ」を根本罪からの回復を説いたものとするのです。

『方便善巧経』・『菩薩地』に出る根本罪

次に、『方便善巧経』に出る根本罪を説いた偈頌として、この

15条	菩提心を捨てる

をあげて解説します。さらに、『菩薩地』に出る根本罪を説いた偈頌として、次の摂頌をあげています。

16条	無尽の貪欲と吝嗇《りんしょく》によって行乞者に施さない。
17条	熱心になだめられても怒って有情を打つ。
18条	有情に対して怒って忍耐しない、３つの煩悩からと他人に随順することによって、似て非なる法を説く。

18 条の根本罪が『大乗集菩薩学論』の摂頌によって著されている

ツォンカパは、ダルマバドラと異なって、上記の第 11 条は『菩薩地』所説のものと同じ意味であるので除き、合計 18 条の根本罪が シャーンティデーヴァの『大乗集菩薩学論』の摂頌によって著されているとしています。

さらに、ボーディバドラの説とアバヤーカラグプタ（約1100年頃）の説、あるチベット人の説を述べて論破しています。

⑨　敦煌に伝わる瑜伽戒

『律儀二十』は8、9世紀頃の敦煌でも流伝し学修されていた

チャンドラゴーミン著『律儀二十』は、インド・チベット仏教において非常に重視され、『戒品』所説の菩薩戒（瑜伽戒）とともにチベットのみならず、8、9世紀頃の敦煌においても流伝し学修されていました。

敦煌《とんこう》（Dunhuang）には、梵網戒のみならず、瑜伽戒が流伝したのです。

敦煌から出土した漢文の菩薩戒関係典籍の傾向として、地持戒《じじかい》（瑜伽戒、曇無讖《どんむしん》が訳した『菩薩地持経』の説く戒）は、梵網戒と併用されていましたが、次第に吸収され、特に8世紀頃から以降は梵網戒が主流となります。

敦煌出土の漢文の戒律関係の典籍には、羯磨《こんま》や戒本、それらの略抄本など実修的なものが多く、大乗菩薩戒に関する戒本では 梵網戒系の菩薩戒の儀式作法に関する実修的な漢文写本が多いのです。

チベットによる支配期に活躍した曇曠と法成

敦煌は786-848年頃までの約63年間、チベットによって占拠されました。敦煌において、このチベットによる支配期の前半に活躍したのが、長安の西明寺で学び円測《えんじき》（613-696）系統の唯識を敦煌に伝えた曇曠《どんこう》であり、その後半期に活躍したのが法成《ほうじょう》（chos　grub、チュートゥップ、 約780年頃～861年頃）です。

法成はシュチェンギ・ロツァワ（shu chen gyi　lo tsa ba、大校閲翻訳官）として漢語仏典をチベット語に翻訳する仕事に参加し、法成がチベット語訳した仏典は、原則として『チベット大蔵経』に収められています。この法成が、敦煌の開元寺において、彼の最晩年の約4年間（約855-859年頃）、『瑜伽師地論』の講義を行いました。『瑜伽師地論』全100巻のうち第56巻までを講義し終わった頃、861年頃に法成は約80歳で逝去したと考えられています。

したがって、彼は『菩薩地』第10章「戒品」（『瑜伽師地論』第40巻～第42巻に相当）も講義したのです。

これらの講義の際、法成は『瑜伽師地論』のサンスクリット語本、チベット語訳本、『最勝子釈』（漢訳としてその一部分のみ現存する。大正蔵30、No.1580）等をも依用して講義しました。

その際の講義記録、『瑜伽論分門記』（Pelliot Ch. 2035,2093,2247、大正蔵 85 No.2801）、『瑜伽論手記』（Pelliot Ch.2036、大正蔵 85 No.2802）や法成訳『律儀二十』（Pelliot Ch.3950）が漢語で伝わっています。

さらに、この法成による講義に関連して作成されたと思われるチベット語写本（Pelliot Tib.1261、Stein Tib.616-3、673 など）も現存しています。

敦煌から出土した仏教関係のチベット語写本多数

『目録デンカルマ』（824 年成立）には、『律儀二十』、『律儀二十註』と『戒品』本文も記載されていますが、『律儀二十』の上記チベット語写本（Stein Tib.673）に加えて『律儀二十』に対するチベット語註釈書の断片（Stein Tib.633-1，674、現存のチベット大蔵経に未収載）が伝わっています。チベット人が著した『律儀二十』に対する註釈書もあったことが史書に述べられていますので、その一部かもしれません。

さらに、『カタンデガ』（Bkaḥ thaṅ sde lṅa、五部箴言《ごぶしんげん》）の「第 4 翻訳官・パンディタの伝記」の第 33 章において、『律儀二十』の第 8 偈から第 16 偈までが記されています。現存のチベット大蔵経所収のものよりも古い翻訳とみなされています。なお、敦煌から出土した仏教関係のチベット語写本には、Pelliot Tib.1257（経典名や仏教の術語に対する漢語とチベット語の語彙集）や Pelliot Tib.1261（『瑜伽師地論』中の術語に対する漢語とチベット語の語彙集）のように、新欽定語決定（skad gsar bcad、ケーサルチェ、訳経用語の統一、814 年）以前の古い訳語や綴りが混在したチベット文字と漢字の語彙集のようなものや、現行の『チベット大蔵経』に収められていない文献（『入菩提行論』の 9 章本など）、現行の『チベット大蔵経』に収められたものよりも古い旧訳の翻訳形態を伝えるもの（Stein Tib.438 の『秘密集会』（グフヤサマージャ）や、Stein Tib.648 と Pelliot Tib.825 の『修習次第』（バーヴァナークラマ）初篇などがあり、訳経史上、貴重な写本が少なくありません。

③ 『菩薩地』戒品で説く瑜伽戒

サムイェー僧院内の兜率発菩提心院（川越英真氏撮影）

①　十善・十悪の思想

十善・十悪の思想

十善・十悪の思想は古代インド社会における社会一般の通念、道徳観念でした。

この概念は『マヌ法典』、『マハーバーラタ』やニヤーヤ学派の説などにみられ、仏教に特有の概念ではありません。

例えば、前２世紀から後２世紀の頃に成立したとされる規範書『マヌ法典』では、次のように説かれています。

> 12・5　他人の財産をむやみに欲しがる、善くないことを心に思う、誤った考え方に夢中になる、これらの三種は心による行為である。
>
> 12・6　罵言、虚言、むやみやたらな中傷、無駄なおしゃべりの四種は言葉による行為である。
>
> 12・7　与えられないものを取ること、規定にない殺生をすること、他人の妻と交わることは身体による三種の行為である。

（渡瀬信之　訳『マヌ法典』（中央公論社　1991年）p. 404）

心の行為３種、言葉の行為４種、身体の行為３種、合計10種の悪い行為を抑制し、欲望と怒りを抑えるならば成就《じょうじゅ》を得ることができると説いています。

インドの初期仏教において、十善・十悪の思想は既に『阿含経《あごんきょう》』の各処に見られますが、この十善・十悪は、十善業道・十悪業道として、つまり十善道にあう行為（業）が善であり、あわない行為が悪であるという、善悪の基準を示すものとして扱われていて、戒としては扱われていません。

十善戒とは

前１世紀頃に興起した大乗仏教は、龍樹（ナーガールジュナ、約150-250年頃）によって大乗仏教の教理が確立されます。

この初期大乗仏教の時代（前１世紀頃～後３世紀頃）における大乗の戒は、『般若経』や『十地経』などにみられる十善戒が主流となりました。

すなわち、十善戒とは次の10をいいます。

【十善戒】

身体による行為	①殺生をしない ②偸盗《ちゅうとう》をしない ③邪淫をしない
口による行為	④妄語（嘘をいうこと）を言わない ⑤綺語《きご》（無義語・むだな言葉）を言わない ⑥悪口（麁語《そご》・相手感情を傷つけること）を言わない ⑦両舌（二枚舌）を使わない
心による行為	⑧無貪《むとん》（貪らない） ⑨無瞋《むしん》（怒りうらまない） ⑩不邪見（誤った考えをもたない）

龍樹

②　瑜伽戒

『戒品』で瑜伽行派の菩薩戒（瑜伽戒）が説かれる

中期大乗仏教の時代（約４世紀から６世紀頃）になると、瑜伽行派の論典である『瑜伽師地論』の、「本地分」中の第15「菩薩地」第10章「戒品」において、瑜伽行派の菩薩戒、いわゆる「瑜伽戒」が説かれています。

この『瑜伽師地論』は、中国の伝統では弥勒《みろく》の作、チベットの伝統では無《む》著《じゃく》（アサンガ）作とされています。

作者の問題はともかく、玄奘が翻訳した『瑜伽師地論』の序文に「弥勒菩薩はトゥシタ天（兜率天《とそつてん》）から中インドのアヨーディヤーに降り、無著菩薩にこの『瑜伽師地論』を説いた」とありますので、無著（アサンガ）が在世した４、５世紀頃、中インドのアヨーディヤーで『瑜伽師地論』は成立していたと考えられます。

中国では梵網戒より早く説かれた瑜伽戒

この瑜伽戒が中国に広まったのは、中国における偽作書とされる『梵網経』で説かれた梵網戒よりも早いのです。

しかし、『梵網経』が鳩摩羅什《くまらじゅう》（344-413、一説には350-409頃）によって訳出されたものとされ、これによる菩薩戒本類がつくられるようになってから、梵網戒が認められるようになりました。

天台の初祖智顗《ちぎ》（538-597）、華厳の三祖法蔵（643-712）、天台の六祖湛然《たんねん》（711-782）等によって、その註釈書や『受菩薩戒儀』等が作成され、いくつかの大乗戒のうちで『梵網経』で説かれる梵網戒が中心となって依用され流布していきました。

日本には鑑真和上来日の天平勝宝５年（753）よりも前に伝わる

一方、日本には、鑑真和上が来日した天平勝宝５年（753）よりも前に、梵網戒と同様に、既にこの瑜伽戒も伝わり、依用されていました。

石田瑞麿博士によれば、「鑑真来朝以前の僧尼は『瑜伽論』に依る三聚通受によって比丘を称し、『四分律』を依用して布薩を行ってきた」のであり、「梵網戒の受持は極めて限られた範囲で行われ、微々としたものでしかなかった」のです。

しかし、『梵網経』は、既に天平５年（733）には日本に伝わり、天平勝宝３年（751）に唐僧の道璿《どうせん》（702-760）が律師に任命された頃から『梵網経』が日本の国家行事の中に登場しました。

伝教大師最澄が『梵網経』に説かれた梵網戒を受けるだけで菩薩比丘であるとし、比叡山に新しく梵網戒を授ける戒壇を設けようとして、入滅後、許可されました（いわゆる「大乗戒壇の独立」、822年）。

また、日本の南山律宗は四分律を別受《べつじゅ》で受け、そののち梵網戒を通受《つうじゅ》で受けました。

瑜伽戒に関する註釈書

一方、瑜伽戒に関する註釈書は日本でも著されています。叡尊《えいぞん》（1201-1290）の『応理宗戒図釈文鈔』、1680年に行性が述作した『菩薩戒経箋解《せんかい》』などが有名です。慈雲尊者《じうんそんじゃ》（1718-1804）にも『瑜伽戒本口訣』という著作があります。

日本では大乗菩薩戒の瑜伽戒と梵網戒のうち、瑜伽戒は、どちらかというと、梵網戒にその主流の位置を譲ったといっても過言ではありません。

ダライラマ14世もアサンガ流の瑜伽戒を授けることがある

これに対して、インド・チベット仏教史の中で瑜伽戒が果たした役割は非常に大きいのです。

チベット仏教のダライラマ14世がその書物（H. H. the Dalai Lama, Tenzin Gyatso, *Path to Bliss, A Practical Guide to Stages of Meditation*（New York, 1991）pp.175-176；鈴木樹代子訳『ダライ・ラマ瞑想入門』pp.229-230）で述べられているように、チベット仏教においても、現在に至るまで、大乗菩薩戒としては①アサンガ流（唯心流）と②シャーンティデーヴァ流（中観流）の２系統の菩薩戒が伝わり授戒などに用いられています。

ダライラマ14世も、ツォンカパ著『菩提正道』にもとづいて、アサンガ流の瑜伽戒を授けることがあるようです。

瑜伽戒というのは

この『菩薩地戒品』において、三聚浄戒《さんじゅじょうかい》、4種の他勝処法《たしょうしょほう》、44種の違犯《いぼん》、受戒法（従他受法、自誓受法）、発露懺悔法などが説かれています。これを一般に「瑜伽戒」といいます。

この瑜伽戒は、「声聞・独覚（小乗）の戒と従前の大乗戒である十善戒とを受けてその2つを止揚せんとする点と、慈悲、利他の清浄意楽《しょうじょういぎょう》と善巧方便《ぜんぎょうほうべん》とをもって実践する限り、菩薩はどのように行動しようとも違犯にはならないとする点、次の密教への展開の動きが見られる点」が特徴です。

インドの中期大乗仏教（約4世紀から6世紀頃）以降、及びチベット仏教（8世紀以後）では、大乗戒は主に2系統の菩薩戒（アサンガ（無著）流とシャーンティデーヴァ（寂天）流）が儀軌類と共に受容されて展開するのです。

無著

③　三聚浄戒《さんじゅじょうかい》

三聚浄戒として説かれる３種の戒

この『戒品』では、大乗の菩薩戒として、初期大乗仏教の『般若経』や『華厳経』で説かれる十善戒を承けてそれを止揚せんとし、戒を３つの側面から説いています。

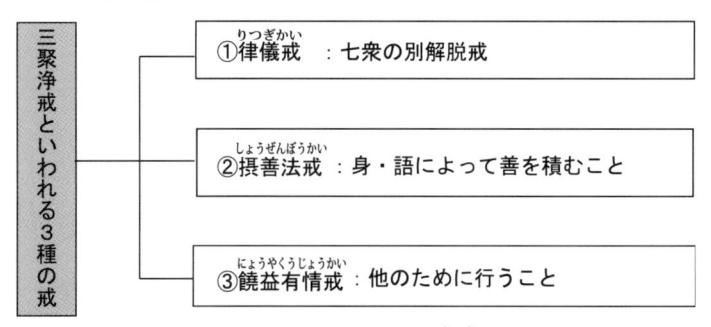

三聚浄戒といわれる３種の戒

- ①律儀戒《りつぎかい》　：七衆の別解脱戒
- ②摂善法戒《しょうぜんぼうかい》：身・語によって善を積むこと
- ③饒益有情戒《にょうやくうじょうかい》：他のために行うこと

この三聚浄戒は、声聞戒（小乗戒）の自利《じり》とそれまでの大乗仏教の十善戒とを包摂し、それをのりこえ止揚したものであり、利他《りた》と慈悲の清浄なる意《い》楽《ぎょう》と、善巧《ぜんぎょう》なる方便とによって実践されるのです。

因みに、大乗の戒を３種の方面から考察するのは『華厳経』の系統で熟しました。

『華厳経・十廻向品』では、①止悪、②修善、③利他の３種とし、世親『十地経論』では、離垢地《りくじ》（第二地）の戒（すなわち十善戒）が①離戒浄、②摂善法戒浄、③利益衆生戒浄の３種の性格を持っています。ちなみに、『解深密経』の「地波羅蜜多品」では戒の３種を①転捨不善戒、②転生善戒、③転生饒益有情戒としています。

この『戒品』で説かれる三聚浄戒のうち、律儀戒は菩薩の利他の精神にもとづいた律儀戒であり、自利にとどまる限りは声聞の律儀戒にすぎません。この律儀戒を犯せば、すべての菩薩戒を犯すことになるのです。

そして、自分の浄信によって心からよく考察し、有情たちに対して憐愍《れんみん》（思いやり）の心を持ち、自ら望んでこの３種の三聚浄戒を受持しなければなりません。

換言すれば、律儀戒は七衆の別解脱律儀《べつげだつりつぎ》ですが、菩薩戒ですから菩薩の利他の精神にもとづくものであり、摂善法戒は菩提をえるために身・語によって善を積集すること、饒益有情戒は有情を利益することです。

律儀戒というのは

在家者・出家者の戒であるこの三聚浄戒のうち、律儀戒とは、七衆の別解脱律儀です。比丘《びく》・比丘尼《びくに》・式叉摩尼《しきしゃまな》・沙弥《しゃみ》・沙弥尼《しゃみに》・優婆塞《うばそく》・優婆夷《うばい》の七衆の戒です。

この７種のうち、前五者は出家者の戒、後二者が在家者の戒です。

これに近住《ごんじゅう》（一昼夜、八戒を守る在家の男性や女性）の律儀（八斎戒《はっさいかい》）とをあわせると８種となりますが、『戒品』では、近住の戒は含まれていません。三聚浄戒の第一の律儀戒を、「七衆の別解脱律儀（別解脱戒）」と規定したのは、この『戒品』の独創です。

摂善法戒というのは

摂善法戒とは、菩薩は戒律儀を受けたのちに、大菩提のために、身と語とによって、およそいかなる善をも積集《しゃくじゅう》する、それら一切が、要するに摂善法戒といわれます。この場合、「身・語（口）・意（心）」（＝三業《さんごう》）のうち「意（心)」が説かれないのは、意によって生ずる善もありますが、戒の場合ですから、「意」をたてません。なぜなら、戒の実行は身と語の行為だけによるのであり、「意（心）」で考えても言動として表れない限り犯罪とはならないと考えるからです。

【摂善法戒】

1	菩薩は聞《もん》と思《し》と止《し》・観《かん》の修習《しゅじゅう》と、孤独を楽しむことに専念します。
2	菩薩は諸の師に対して、時々、恭しく挨拶し、礼拝し、立ち上がって出迎え、合掌します。 菩薩は時々、正にその諸の師に対して、恭しく仕えます。病人たちを尊敬し、悲愍をもって看病します。
3	菩薩はよく説かれた話（仏の御言葉と三宝の特性にもとづいたことば）に対して、「そのとおりだ」といって賛同します。功徳を有する人たちに、真実の称賛をします。 十方における一切の有情たちがなした一切の福徳に対して、心から浄

3	信の心をおこして、言葉を言いつつ歓喜します。
4	他人たちのなした違犯のすべてをよく熟考して、報復せず堪え忍びます。
5	身･語･意によって、なされた善のすべてを無上《むじょう》正等菩提《しょうとうぼだい》に廻向します。時々、種々なる正願（十大願にもとづく正願）をたてます。
6	三宝に対して一切の財と行でもってすぐれた供養をします。
7	絶えず、布施をはじめとする諸の波羅蜜を行うことによって集められる善を、実行し一生懸命に努力し、不放逸《ふほういつ》に住します。
8	身・語をもって、諸の学処《がくしょ》（学ぶべき事柄、規範の１つ１つの条項）を、記憶して忘れず知って自覚して行うことによって、護持します。 そして、諸根の門（眼などの六根）を悪から守り、食物の適切な分量を知ります。初夜と後夜において、眠らずに起きていて修行することに努力します。 善士（立派な人）に親近《しんごん》し、善友《ぜんう》（正しい道理を教えてくれる人）に依止します。 また、自分の迷乱・誤りを、明らかに知り、それを現在と未来の過失と見ます。知って過失と見てから、如理に、その過失を捨てます。 そして、過った場合、仏・菩薩たちと同法者たちに対して、その罪過を告白懺悔します。

このような諸の善法を獲得し護持し増やすための戒が、菩薩の摂善法戒といわれます。

饒益有情戒というのは

饒益有情戒は、11 種です。

【饒益有情戒の 11 種】

1	種々の有情のなすべき有益なことを一緒に仲間となって助けます。有情たちに何度も生じた病気をはじめとする苦しみのすべてに対して、看病等をして仲間となって助けます。
2	世間的・出世間的な事柄について、方便を知らずにとまどう苦悩にかき乱された人々に対して、説法と方便を説くこととにもとづいて理（道理）を説きます。
3	ある有情たちに対して、その恩を知って感謝することを守りつつ、それに相応しい恩返しに従事します
4	ライオンと虎と王と盗賊と水と火をはじめとする種々の恐怖の処から有情たちを守ります。

5	財物や親戚の喪失という不幸にあった人々に対して、その憂いを除去します。
6	生活のための必需品に欠乏した有情たちに対して、理に応じて適切に、すべての生活のための必需品を与えます。
7	正しい依り所を与えて、如法に執着しない心で大衆を摂受《しょうじゅ》します。
8	話しかけておしゃべりをし親しく挨拶して、随時、近づくことによって、他の人から食物と飲物等を受ける。世俗の事に従って行い、呼び出されたならば行き来する。要するに、無益で不愉快な行いのすべてを避けて、有情たちの心に従って行います。
9	正しく実行した人々の真実の功徳を、秘密に、あるいは、公然と、明らかに示すことによって、喜ばせます。
10	ただ単に不善処から出させて善処（善趣）に安置せしめんがために、心中に愛情のこもった、利益《りやく》せんというすぐれた意楽《いぎょう》（心の志向性）をもって、調伏します。すなわち叱責する、あるいは、罰を与える、あるいは、追放します。
11	神通力《じんづうりき》により有情地獄等の六趣（地獄・餓鬼・畜生・修羅・人・天の６種の世界）を眼前に示現することによって、不善を厭い捨てさせ、そして仏の教説に入らせんがために、心から信じ願わせ、喜ばせ、驚かせるのです。

三聚浄戒を満たす因

次に、この三聚浄戒を満たす因として、律儀戒は 10 種の支分、摂善法戒は六波羅蜜に集約される10種、饒益有情戒は11種が、以下のように『戒品』においてあげられています。

これらの支分を具足する菩薩は、三聚浄戒の各々３種（律儀戒・摂善法戒・饒益有情戒）を持つものとなります。

律儀戒の 10 種の支分

律儀戒は、別解脱律儀《べつげだつりつぎ》（波羅提木叉《はらだいもくしゃ》）ともいいます。守るべき条文の集成（これを守る者を悪処などの苦から、あるいは自責の念などから別々に解放するから「別解脱」というのが、通俗的語源解釈です）に住した菩薩が、具足する10種の支分とは、次のとおりです。

【律儀戒の 10 種の支分】

1	もしも、転輪王（世界を治める帝王の理想像）の位をも捨てて出家者となったならば、その人は、草や糞便に無頓着であるように、その転輪王の位に無頓着です。 清浄なる意楽にもとづいて出家した菩薩は、人間の欲望の一切のうちで最もよい転輪王という欲望に無頓着です。 暮らしのためという意図で出家した人が下等な欲望を捨てて無頓着であることよりも、菩薩が人間の欲望のすべてのうちで最もよい欲望（転輪王）に無頓着であることのほうがすぐれています。
2	菩薩はその欲望を大きな種々の恐怖の稠林《ちゅうりん》に入ることのように如実に見ているから、未来においても、魔宮殿《まぐうでん》に属する欲望をも喜びません。 それらの欲望を願い求めず梵行《ぼんぎょう》さえも行いません。ましてや、それ以外の神的な欲望を願い求めて梵行を行うことがないのはいうまでもありません。
3	出家した菩薩は、現世においても、高貴な有情たちからの優れた利得と尊敬をも、吐かれたへどの如しと正しい智慧によって見なして、それを味わいません。ましてや、劣った有情たちからの下等な利得と尊敬を味わわないのはいうまでもありません。
4	ただ一人で孤独を楽しみ、あるいは、会衆《えしゅう》（あつまり）の中にいても、常に、心は孤独でいます。彼は戒律儀だけに満足するのではなく、しかし、むしろ、戒に依止してそれを保ち、無量なる菩薩の三昧《さんまい》を引きおこして自在を獲得せんと努力します。
5	世事と交渉をもって喧騒の中にいても、染汚のある悪い話と悪いことばを少しも楽しまず言いません。１人で離れた静かな所にいても、少しの悪い省察（考察）さえもしません。 失念により欲望等の悪い省察が現れ出るから、万が一、その場合には常に、猛烈な後悔と過ちであると気づくこととを起こすのです。その繰り返された後悔と過ちであると気づくこととにもとづくので、悪い会話と悪い省察が生ずるやいなや、すぐに、その記憶が起こり、「再びなさない」という心を獲得するのです。それにより、その心に生じた悪いものを捨てて元に戻るのです。 捨てて元に戻ることを繰り返し行うことから、次第に、あたかも、以前、それの現れ出ることを楽しんだように、そのように、現在は、それの現れ出ないことを楽しみます。
6	善を積集することと有情を饒益する戒とは広大で多数ですから優れていて、無量・不可思議にして、長時間継続し、最も行いがたい、大地《だいち》（不退転地、すなわち第八不動地以上の階位）に入った諸菩薩の菩薩の学処の一切を、彼から聞いても、心の恐怖や無気力、畏縮をもつ者になりません。 彼はただ、「彼らも人になった者ですが、次第に菩薩の学処を学びつつ、無量で不可思議なる身・語の律儀を具足せる者になっただけです。我々も人になった者であって、次第に学ぶならば、その身・語の律儀の円満成就を、疑いなく得るだろう」と考えます。

7	菩薩は、自分の過失と、他人を加害するという自分の内的な誤りとを捜索するけれども、他人の過失と誤りとを捜索しません。その菩薩は法にかなった大悲にもとづくので、すべての残忍と犯戒《ぼんかい》とを持った有情たちに対して、悪意の心と怒りの心とを持つ者ではありません。菩薩には、彼らに対して、きわめて、同情の心と饒益《にょうやく》をなしたいと欲する心とが起るのです。
8	律儀戒に住した菩薩は、手と石塊と杖と刀によって接触されても、他人たちに対して、心でさえも怒り恨むことはありません。どうして、悪い言葉をはいたり、攻撃するでしょうか。 ましてや、ののしりや怒り、非難によって、少しの苦悩との接触となる加害をなされても、怒りうらむことがないのはいうまでもありません。
9	律儀戒に住した菩薩は、次の５の支分に含まれた不放逸《ふほういつ》（なまけないで修行すること）を具足するのです。 ①過去に関する不放逸 菩薩の学を学んでいる菩薩が、過去に関して、おちいったところの違犯、それを、この彼は如法に懺悔します。これが、この菩薩の「過去に関する不放逸」です。 ②未来に関する不放逸 菩薩は未来においても、おちいるであろう違犯をも、如法に懺悔するでしょう。これが、この菩薩の「未来に関する不放逸」です。 ③現在に関する不放逸 現在においても、おちいった違犯をも、菩薩は如法に懺悔します。 これが、この菩薩の「現在に関する不放逸」です。 ④以前になされるべき不放逸 違犯の生じる以前に、菩薩は、〝ある人が行いつつあればあるほど、安住しつつあればあるほど、それに従って、私は行いたい。安住したい。それによって私は違犯におちいらないことを願う〟と強い切望をおこします。 これが菩薩の「以前になされるべき不放逸」です。 ⑤同時に行う不放逸 彼は、正にその「以前になされるべき不放逸」にもとづいて、行いつつあり、安住しつつあるこの者には違犯が生じないならば、ますますそれに従って、彼は行い、安住します。これがこの「同時に行う不放逸」です。
10	律儀戒に住した菩薩は、善を隠して自慢せず、悪を打ち明け、少欲知足にして、苦に耐え、悩んでうんざりしないことを本性とし、傲慢でなく平静で、心があわてて混乱せず、ふるまい（威儀）は落ち着いていて、わるだくみ（矯詐《きょうさ》）をはじめとするよこしまな生活方法をなすことの一切を捨てていて、律儀戒に住した、次の10の支分を具足せる菩薩は、よく律儀戒を持つ者です。 ①過去の欲望を顧みないこと。 ②未来の欲望を喜び楽しまないこと。 ③現在の欲望に執着しないこと。 ④人里離れた処に一人で住むのを楽しむこと。 ⑤言葉と省察の浄化をすること。

	⑥自分を軽蔑しないこと。 ⑦やさしく温厚なこと。 ⑧忍耐。 ⑨不放逸。 ⑩行いと生活を清浄にすること。

摂善法戒は六波羅蜜に集約される

「どのようにして摂善法戒を持つ者となるか」に答えた段落においては、六波羅蜜を行うことにより善を集めることが示されています。

布施・持戒・忍耐・精進・禅定の各々の波羅蜜５種と、般若波羅蜜を５種に開いたもの、合計 10 種に分けて述べています。

摂善法戒に住した菩薩は、次の波羅蜜５種を了知します。

【波羅蜜５種】

①布施波羅蜜	身体と財物とに対する少しの生じた関心さえも耐え忍ばないで捨てる。ましてや、多くのそのような関心を耐え忍ばず捨てるのは、言うまでもない。
②戒波羅蜜	犯戒《ぼんかい》の原因となったもの一切、生じた煩悩と随煩悩（忿《ふん》（怒り）と恨《いかり》（うらみ）等）を耐え忍ばず捨てる。
③忍波羅蜜	他人に対して生じた害意といかりと敵意の心を耐え忍ばず捨てる。
④精進波羅蜜	生じた怠慢《たいまん》と怠惰《たいだ》を耐え忍ばず捨てる。
⑤禅定波羅蜜	生じた等至《とうじ》（サマーパッティ）への耽溺と等至における煩悩とを耐え忍ばず捨てる。

摂善法戒に住した菩薩は、般若波羅蜜の５種の事柄を如実に了知します。

【般若波羅蜜５種】

⑥般若波羅蜜	善果の功徳を如実に了知する
⑦般若波羅蜜	善因を如実に了知する
⑧般若波羅蜜	善因の結果にあらわれる誤りを如実に了知する
⑨般若波羅蜜	善因の結果にあらわれる誤りなきことを如実に了知する
⑩般若波羅蜜	善を集めるための障害を如実に了知する

つまり、般若波羅蜜の５種の事柄とは、①菩薩は、善果に功徳を見て、②善因を探し求める。③菩薩は、善を集めるために、誤りと不正を如実に了知しつつ、④善果を獲得して、無常なるものを常なるものと見ない。苦を楽と見ない。不浄を浄と見ない。無我を我と見ない。⑤また、善を集めるための障害を了知しつつ、それを避けます。

また、摂善法戒に住し菩薩は、次の 10 種によって、直ちに、善を集め、一切の行相《ぎょうそう》（ありさま）を集めるようになります。

①布施の順序次第（upaniṣad）

②戒の順序次第

③忍の順序次第

④精進の順序次第

⑤禅定の順序次第

⑥～⑩般若の５行相によって、それらを集めるのです。

饒益有情戒の11種の支分

次に、11 相によって一切の種類の饒益有情戒に住した菩薩は、１つずつの相にも無量の一切の種類を具足しているのです。

【饒益有情戒 11 種】

1	菩薩が、有情たちのそれぞれのなすべきことを、次の８つのことに関して一緒に仲間として行き助けます ①なすべきことをよく考えることに関して ②なすべきことを決めることに関して ③道を往来することに関して ④理にかなった正しい活動（舟の活動と農作などの活動）を努めることに関して ⑤財物を守護することに関して ⑥仲違いした者たちをお互いに和解させることに関して ⑦祭宴に関して ⑧福徳を修することに関して、仲間として行き助けるのです。 また、菩薩は次の身体の苦（①病気の苦、②感覚器官の不自由な苦、③手足の不自由な苦、④疲労困憊の苦の４種）や心の苦（心から生じる苦は⑤覆障《ふくしょう》の苦、⑥障害の苦、⑦打ち負かされた苦）に関して、仲間として行き助けます。

	【身体や心の苦】 ①病気の苦 病気にかかった有情たちを世話し看護します。 ②感覚器官の不自由な苦 目の不自由な人たちを導き、道を示す。耳の不自由な人たちに、心に映った事物の概念の形相《ぎょうそう》（すがた、かたち）を示すことによって、手での会話により、事物を理解させます。 ③手足の不自由な苦 手足の不自由な人たちを、頭や乗物にのせて行きます ④疲労困憊の苦 道《みち》で大いに疲れた人たちに対して、場所と座席を与え、手足をさすって、疲労困憊の苦しみを取り除きます。 ⑤覆障の苦 むさぼりというまとわり（纏）に苦しんでいる有情たちに対して、むさぼりというまとわりの苦を教授・教誡によって取り除きのます。 腹立ち、心の沈痛と心の鈍重さ、心の軽躁さと後悔、疑いというまとわりに苦しんでいる有情たちに対して、腹立ち、乃至、疑いというまとわりの苦を、教授・教誡によって取り除きます。 ⑥障害の苦 欲に相応しておこる省察（欲尋思）というまとわりに苦しんだ有情たちに対して、欲に相応しておこる省察を取り除きます。 あたかもその欲に相応しておこる省察のように、そのように、腹立ちと加害と親戚と国土と不死との省察、軽侮に相応した省察、家族の財産を得た繁栄に相応した省察についても同様に取り除きます。 ⑦打ち負かされた苦 他の人により侮辱され打ち負かされた苦悩に苦しんだ有情たちに対して、他の人により侮辱され打ち負かされた苦悩を取り除きます。
2	菩薩は、有情たちに、正理を教示しつつ、悪行を行う有情たちが悪行を捨てるために、ふさわしい・筋の通った、適合した・適切な、ぴったり合った・適正な、巧妙な句と字、聖者の支資糧たる句と字によって、法を教示します。あるいはまた、方便善巧を教示します。 あたかも、悪行を行う有情たちが悪行を捨てるためにのように、そのように、物惜しみをする人たちが物惜しみを捨てるために布施を教示し、現世において正しく少しの労苦によって財物を獲得して守護するために工巧業処《くぎょうごうじょ》（美術・工芸・文芸・歌曲などの仕事）などを教示し、財と穀物を集める行いを教示し、この教説を憎みそねむ人々に浄信を得させ正しい見解を得させるために、清浄なる見解によって悪趣から立ち去らせるために最もすぐれた法を教示し、すべての束縛の煩悩の滅尽によって一切の苦から離れさせるために善巧方便をもって教示します。

3	菩薩は、恩のある有情たちに対して、恩を知っていることを明らかに示しつつ見てから、恭しく、「こちらにおいでください。よくおいでになりました」という言葉をいうことによって、話し、しゃべり、親しく挨拶します。そして、座席と場所を与えて、歓迎して受け入れます。 そして、この「親しく挨拶する」ことにもとづいた利得と尊敬の返礼に、それに等しいか、それ以上をもって仕えるけれども、それ以下をもってではありません。 このなすべきことに対して、請い求められなくても仲間として行って助けます。ましてや、請い求められたならば、仲間として行って助けることはいうまでもありません。 なすべきことに対してと同様に、苦しみに対して、道理を説示することに対して、恐怖からの救済に対して、不幸の状態にある憂いを取り除くことに対して、生活のための必需品を供給することに対して、よりどころを与えることに対して、有情たちの心に従い行うことに対して、真実の功徳をもって正しく守護されるべき人たちを喜ばせることに対して、親愛の思いをもって悪行者たちを調伏することに対して、神通《じんづう》によって仏教の教えを恨み憎む者たちを怖がらせて引き入れて仏教の教説を心から信じ願わせることに対しても、仲間として行って助けるのです。
4	菩薩は、非常に恐れた有情たちを、恐怖から救護します。 ①禽獣《きんじゅう》（鳥と獣）の加害に対する恐怖からも、有情を救護します。 ②水の渦巻きと海の怪物の恐怖からも、救護します。 ③王の恐怖からも、救護します。 ④盗賊の恐怖からも、救護します。 ⑤敵の恐怖からも、救護します。 ⑥家主と支配者の恐怖からも、救護します。 ⑦生活必需品を失って生計がなくなるという恐怖からも、救護します。 ⑧悪い評判という恐怖からも、救護します。 ⑨大衆《だいしゅ》の中における臆病という恐怖からも、救護します。 ⑩非人（天・竜・八部・悪鬼など）の恐怖と、死人を占有する悪鬼の恐怖からも、救護します。
5	不幸の状態にいる有情たちの憂いを取り除いている菩薩は、親戚の不幸をはじめとして、父母の死の場合にも、その憂いを取り除きます。息子と妻の死の場合も、男･女の召使･使用人･雇人の死の場合も、友達･同居者・身内の者・同族の者の死の場合も、阿闍梨・和尚・先生に相当する人（同梵行者）の死の場合も、一切衆生が皆、等しく無常なることを教示して憂いを取り除きます。あるいは、財物を失うという不幸をはじめとして、もしも、他の人たちの財物が王によって奪われたならば、その場合、その憂いを取り除きます。 または、それらの財物が盗賊によって奪われるか、あるいは、火によって焼かれるか、水に流されるか、宝物がよく保存されなかったので紛失したか、仕事がよく実行されなかったので滅したか、薄情な相続人たちによって奪い去られたか、家に家の損壊が生じたか、なんでも何かあることによってそれらの財物が非如理をもって失われるという不幸に至らせられた場合、その因縁によって生じた有情たちの小品・中品・大品なる憂い（大品なる憂いは、父母の死と息子・妻の死である）をも、菩薩は諸行無常を教示すること等によって正しく取り除きます。

6	菩薩は、生活のための必需品を欲しがっている人たちに、生活のための必需品を施与しつつ、食物を欲しがっている人たちには食物を与えます。 飲物を欲しがっている人たちには飲物を、乗物を欲しがっている人たちには乗物を、衣服を欲しがっている人たちには衣服を、装飾品を欲しがっている人たちには装飾品を、什物を欲しがっている人たちには什物を、芳香・花輪・香油を欲しがっている人たちには芳香・花輪・香油を、住みかを欲しがっている人たちには住みかを、光明を欲しがっている人たちには光明を与えます。
7	菩薩は、摂し受け入れる性質を身につけて、大衆を教え導く仕方によって、有情たちを摂し受け入れつつ、正に憐愍《れんみん》の心を示して、染著《ぜんじゃく》(執着)のない心をもって、まずはじめに依り所を与えます。 その後に、彼らのために、如法に、衣服・食物・臥具・坐具・病気を治す薬・生活のための必需品を、浄信のあるバラモンと長者たちから、捜し求めます。 そして、法に一致して如法に獲得された、自分の衣服・食物・臥具・坐具・病気を治す薬・生活必需品を共同で使用するのであって、隠して使用するのではありません。 時々、８種の適合した教授を与え、５種の教誡によって正しく教えいましめます。その教授と教誡は、この『菩薩地』の第８章「力種性品」に説かれています。
8	菩薩は、相手の心に一致して行うという性質を身につけて、有情たちの心に一致して行いつつ、まず最初に、有情たちの意向と本性（性向）を知ります。意向と本性を知ってから、ある有情たちと一緒に住むべきであるように、そのように、彼らと一緒に住みます。ある有情たちに対して行動すべきであるように、そのように、彼らに対して行動します。 ある有情の心に従って行いたいと欲する菩薩が、もしも、その有情に対して、そのような種類の身体上・言葉上の事柄の行為によって、この苦と憂いが生ずるであろうと見るけれども、決してその苦と憂いが、この有情を不善処から出させるためにならず、善処に置くためにならないならば（彼らにとって利益・安楽とならないならば）、菩薩は、注意深く熟考して、その身体と言葉からなる事柄の行為を努力して避けて遂行しません。 また、もしも、その苦と憂いが、これを不善処から出させて善処に置くためとなるのを見るならば、菩薩は、すなわち他の人に対する哀愍にもとづいて、入念に熟考するのであって、他の人の心に従って行いません。 そして、他の人たちに対するある身体上・言葉上の事柄の行為によって、それ以外の人々に苦と憂いが生じるけれども、それが、他の人たちとそれ以外の人たちを不善処から出させるためにならず、善処に置くためにならないならば、菩薩は、入念に熟考して、それ以外の人々の心に従って行わないために、その身業・口業の行為を捨てます。 他の人たちとそれ以外の人々や両者を、不善処から出させて善処に置くためになるのを見るならば、菩薩は、正に哀愍の心に住して、入念に熟考し、その身体・言葉の行為を遂行するのであって、その有情たちの心に従って行いません。

	菩薩は、自分の、ある身体上・言葉上の事柄の行為によって、他の人たちに苦と憂いが生じているのを見ますが、その身体・言葉の行いは、学処に含まれたものでなく、福徳・智慧の二資糧に従ったものでもなく、そして、その苦と憂いは、他の人たちを不善処から…云々は、先述のとおり知るべきです。 他の人の心を守るために、菩薩は、その身体・言葉の行いを捨てます。 それと反対の行いも、先述のとおり知るべきです。 苦と憂いについてのように、楽と喜びについても同様です。 他の人の心に従って行う菩薩は、憤りというまとわりにまとわりつかれた他の人に対して、憤りというまとわりがなくならない限り、目の前で称賛さえも言いません。ましてや、とがめを言わないのは勿論です。懺悔もしません。 また、他の人の心に従って行う菩薩は、親しく談話を交わしていない他人に対しても親しく談話を交わし挨拶します。ましてや、親しく談話を交わしている他の人や挨拶している他の人に対して、談話を交わし挨拶するのはいうまでもありません。 他の人の心に従って行う菩薩は、他の人たちをかき乱し動揺させません。ただ、正に彼らに対する思いやりによって叱りつけたいと欲する場合だけ、落ち着いた六根（六つの感覚機官。眼･耳･鼻･舌･身･意のこと）をもって、叱りつけます。 他の人の心に従って行う菩薩は、他の人をあざけることをしません。笑いものにしません。臆病をおこさせません。不安楽に住せしめんがために、憂いのことがらであるから、後悔をおこさせることもありません。鎮圧され負けてしまった者に対しても、辱めることであるから、敗北の状態を非難しません。低くへりくだった人に対して、自分が高いことを示しません。他の人の心に従って行う菩薩は、他の人たちに親近《しんごん》しないことはありません。親近しすぎることもありません。不適切な時に親近しません。 彼らの目の前で友達の悪口をいいませんし、敵の称賛もしません。懇意でない人を信頼することもありませんし、たびたび乞い求めません。受け取ってもその適量を知っています。食物と飲物等の供応に呼ばれても、彼らが願望を失ってしまうことを避けるために，拒絶しません。あるいは、彼らが願望を失ってしまうことがないように、如法にして、理にあった懺悔をします。
9	菩薩は、真実の徳によって喜ばせる性質を身につけて、有情たちを喜ばせる場合、浄信（きよらかな信仰）の徳をもっている人々に対しては、浄信の徳に関する話によって喜ばせます。 戒の徳をもっている人々に対しては、戒の徳についての話によって喜ばせます。聞（仏法を聴聞して知ること）の徳をもっている人々に対しては、聞の徳に関する話によって喜ばせます。 捨（物惜しみしないこと）の徳をもっている人々に対しては、捨の徳に関する話によって喜ばせます。 慧（智慧）の徳をもっている人々に対しては、慧の徳に関する話によって喜ばせるのです。

10	調伏《ちょうぶく》の性質を身につけて、有情たちを調伏している菩薩は、親愛と無敵意の意向をもって、小品の過失と違犯の人を、少品の呵責によって呵責します。中品の過失と違犯の人を、中品の呵責によって呵責します。 大品の過失と違犯の人を、大品の呵責によって呵責します。 あたかも“呵責”のように、そのように“処罰”についても、同様に知られるべきです。 菩薩は、少品・中品の過失と少品・中品の違犯の人を、彼らとそれ以外の人々に教誡するために、同情の心と利益の心によって再び受け入れるために、しばらくの仕方で、追放します。 大品の過失と大品の違犯の人を、正に彼らに対する同情をもって、「彼らがこの教説において、もっと大きな非福を取ることなかれ」と考え、そして他の人たちを利益せんと欲することによって教誡するために、以後再び彼らと同住しないために同食しないために、生きている限り再び彼らを受け入れないために、追放します。
11	神通力によって有情たちを恐れさせようと欲し、仏説を心から信じ願わせようと欲する菩薩は、悪行を行う有情たちに、悪行の異熟果たる悪趣（有情地獄と大地獄と寒地獄と孤独地獄）を何度も引き起こして示して、「人になった者たちによって悪行がなされ積集された、不愉快なその果報（我慢できず最も厳しい）が受けられています。このようなこの果報を、あなた方は見なさい」と言うので、彼らはそれを見て、恐れ、いやになって、悪行を慎みます。 大衆の中にいる菩薩の質問に答えず捨ておきて、信頼できない不愉快な言葉に従いたいと欲するある有情たちに、菩薩は、金剛手《こんごうしゅ》か薬叉《やしゃ》－顔色がいさましく、身体が大きく、力が強い－のうちのいずれかを化作《けさ》して（神通力によって現わされた恐ろしい姿を示して）、恐れさせ、びっくりさせます。 それによって、信頼が生じて大きな尊敬が生じ、敬信が生じた人に対し質問に正しく答えせしめんがために、そして、この有情がその質問に答えることによってその大衆を教化せんがために。 あるいはまた、種々なる神通行によって、すなわち、一であって多となり、多であって一となりつつ、壁を・山を・障壁をつきぬけて身体がさまたげられずに行きつつ、詳しくは、梵世（梵天の世界）に至るまで、身体を思うままに転じます。 火界にも等至しつつ、２つ１組の神変《じんぺん》を示しつつ、あるいはまた、声聞と共通の神変を示しつつ、心から信じ願わせ、満足させ、喜ばせてから、未信者を浄信の具足に入れます。 犯戒の人を戒の具足に、少聞の人を聞の具足に、りんしょくな人を捨《しゃ》（心が平等でざわつかぬこと）の具足に、悪慧の人を慧（般若の智慧）の具足に入れます。

④　４種の他勝処法

大乗の菩薩の４種の他勝処法というのは

『戒品』で説かれる大乗の菩薩の４種の他勝処法《たしょうしょほう》（教団追放にあたる小乗戒の波羅夷罪《ばらいざい》に似たもの）とは、次表のとおりです。

【大乗の菩薩の４種の他勝処法】

1 菩薩の他勝処法第一	利得と恭敬をむさぼりほしがる人が自分をほめたたえ、他の人を謗ること。

声聞はマイトゥナの貪欲によって（淫を行じて）自他を軽視すれば、比丘の資格がなくなります。菩薩も財物と恭敬を物惜しみして自他を軽視すれば（自讃毀他）、他勝処法を犯すことになります。

2 菩薩の他勝処法第二	財物があるにもかかわらず、貪欲を本性とするから、苦しみ貧しく保護者がなく拠り所にするものもなくして正しくやって来て求める人々に対して、無情な心から財を与えず、法を吝嗇《りんしょく》するから、正しくやって来て求める人に諸法の分配をしないこと。

声聞は物惜しみによって他人の財物を盗めば波羅夷罪におちいります。

菩薩が自分に財物があるにもかかわらず、財を吝嗇して、苦しみ求める人に与えない、または法を分配しないならば、他勝処法を犯すことになります。

3 菩薩の他勝処法第三	菩薩は、耳障りなあらあらしい言葉を言うことだけでやめないで、そのような怒りというまといを増大させ、怒りに打ち負かされ、手・石塊・杖によって有情たちを打ち、加害し、苦しめる。激しい怒りの意向を内にいだいて、他の人たちから違犯についての懺悔を聞き入れず、許さず、そういう意向を捨てないこと。

声聞は殺生すれば波羅夷罪におちいります。

菩薩は一切の有情に対して憤りの心をおこし、手や石塊などで加害をなしたり、加害をなした人が加害の過失を懺悔・告白しても聞き入れないならば、他勝処法を犯すことになります。

4 菩薩の他勝処法第四	菩薩蔵（大乗経典）をそしり、自分で、あるいは他の人に従って似て非なる正法を信解し、そして似て非なる正法を楽しみ、開示し、建立すること。

声聞は悟りを得ていないのに得たといってその法を説くならば（妄語すれば）波羅夷罪におちいります。

菩薩はあるにもかかわらず法を教示せず、正法をそしり、正法でないものを教示するならば、他勝処法を犯すことになります。

菩薩が４種の他勝処法を犯した場合

菩薩がこれら４種のうちのいずれかの法を犯した場合でも、現世において広大な菩提資糧を積集できず、摂受できなくなります。

ましてや、それら４種とも犯した場合、それができなくなるのはいうまでもありません。現世において意楽清浄になることができません。そのような菩薩は似て非なる菩薩であって、真実の菩薩ではないのです。

菩薩は、小品・中品のまとい（纏《てん》）からこれら４種の他勝処法を犯すことによって、その受けた戒律儀を捨てるようにはなりません（声聞の波羅夷罪とは異なります）。

大品のまといからこれらの他勝処法を犯すことによって、戒律儀を捨てるようになります。なぜならば、菩薩がこれら４種の他勝処法をしばしば犯すことから、少しだけの慚《ざん》（自らを顧みて恥じること）と愧《き》（他人を見て自分の罪を恥じること）もおこさず、慚のないことを喜び、楽しみ、それを正に功徳とみる（過ちとみない）者となるからです。これが大品のまといであると知るべきです。

すなわち、波羅夷法《はらいほう》を犯した比丘は、波羅提木叉律儀《はらだいもくしゃりつぎ》を捨てたようになる如くとは異なり、菩薩は、他勝処法を一度だけ犯すことによっても、菩薩の受けた戒律儀を捨てるようになりません。

菩薩は、菩薩の受けた戒律儀を捨ててしまっても、現世において菩薩の受けた戒律儀を再び受けることができます。

それに対して、波羅提木叉律儀に住する比丘は、波羅夷法を犯せば、現世において再び受けることができません。

瑜伽戒と別解脱律儀を捨てることになる原因

要するに、この瑜伽戒においては、次の２つの因から、菩薩の受けた戒律儀を捨てるようになります。

⑴　無上正等菩提に対する願を捨てることから。

⑵　他勝処法を大品のまといによって犯すことから。

これに対して、別解脱律儀を捨てる原因５種は、次のとおりです。

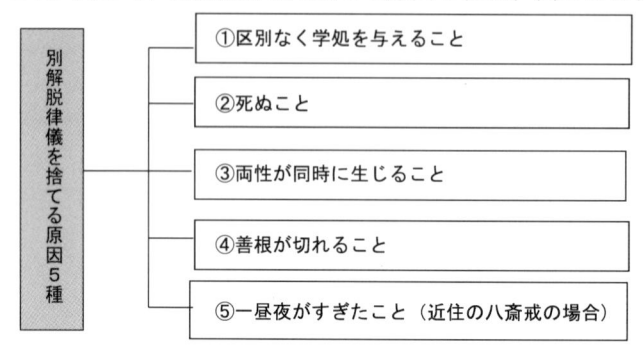

別解脱律儀を捨てる原因５種

- ①区別なく学処を与えること
- ②死ぬこと
- ③両性が同時に生じること
- ④善根が切れること
- ⑤一昼夜がすぎたこと（近住の八斎戒の場合）

生を転じてもあらゆる方角に再生している菩薩

生を転じても、下方（諸悪趣）、上方（天界）、横（人間界）とあらゆる方角に再生している菩薩は、それによって菩薩が無上正等菩提に対する願を捨てず、また、他勝処法を大品のまといによって犯さないならば、菩薩の受けた戒律儀を捨てることにはなりません。

声聞の律儀は寿命の終り（比丘・比丘尼の具足戒などの場合）と一昼夜の終り（近住の八斎戒の場合）まであるだけです。死ののちそれらの記憶はなく，非常に異なった身体を獲得するので来世に持続しません。

これに対して、菩薩たちの律儀は念と慧と思量の生起を獲得し，すぐれた依りどころを獲得するから菩提の座に至るまでの律儀となります。

しかし、菩薩は、生を転じて失念した場合でも、善知識（立派な指導者）に会うことにもとづいて、記憶を回復するために再三、菩薩の戒律儀を受けるけれども、新しく戒律儀を受けるのではないのです。

因みに、４種の他勝処法のうち、第１条は 44 種の違犯の第 30 条に、第２条は44違犯の第６条と第39条、第３条は44違犯の第17条と第18条に、第４条は 44 違犯の第 29 条にも入っています。

⑤　44種の違犯

違犯の分類

この44種の違犯（数え方の相異によって、42条、43条、44条、46条、48条がある）については、違犯《いぼん》や無違犯《むいぼん》があります。

また、その違犯には染汚《ぜんま》（煩悩のけがれ）と非染汚《ひぜんま》、下品《げぼん》と中品《ちゅうぼん》と上品《じょうぼん》の違犯があります。

例えば、声聞たちの違犯には２種があり、染汚心によって違犯を犯せば染汚の違犯になり、非染汚の心によって犯せば非染汚の違犯となるように、菩薩たちの違犯も染汚と非染汚となります。

違犯の分類例

例えば、声聞たちの違犯は５種の点から、下品と中品と上品とになります。

その５種とは、①自性、②過失を犯すこと、③意向、④事柄、⑤積み上げられたものに関してです。

この５種の各々において、違犯は上品・中品・下品に分類されます。

【声聞たちの違犯５種とは】

1　自性に関して	波羅夷《はらい》は自性として上品の違犯，僧残《そうざん》は中品の違犯、その他は下品の違犯です。あるいは、波羅夷と僧残の違犯は過失が重いので上品、波逸提《はいつだい》と波羅提提舎尼《はらだいだいしゃい》とは中品、突吉羅《ときら》は下品の違犯です。
2　過失を犯すことに関して	無知あるいは放逸によってなされたものは下品の違犯、多量の煩悩によってなされたものは中品の違犯、不恭敬によってなされたものは上品の違犯です。
3　意向に関して	貪・瞋・癡（三毒）の小品の纏《てん》によってなされたものは下品の違犯、三毒の中品と上品の纏によってなされたものは、それぞれ中品の違犯、上品の違犯となります。

4　事柄に関して	類似した意向によって同一の事柄を自性とすることを行っても、事柄の差異によって下品・中品・上品の違犯となります。瞋をもって類似した纒によって傍生趣（畜生界）に生まれた生き物を、考えつつも殺すならば波逸提であり、人、あるいは人形状にして父でもなく母でもない者を殺すならば波羅夷ですが、無間罪にはなりません。 瞋をもって類似した纒によって父あるいは母を殺すならば、波羅夷でもあり、無間罪にもなると知るべきです。 このように事柄の種類に従って、下品・中品・上品の罪があると知るべきです。
5　積み上げられたもの（積集）に関して	ある人が1つの罪、乃至、５の罪を犯しても、如法に発露しないことは、積集に従って下品の罪です。 それ以上、10の罪や20の罪や30の罪、乃至、知らしめることができる数の罪を犯しても、如法に発露しないことは、中品の罪です。 無数の罪を犯しても、″自分がこれだけ多くの罪を犯した″と知らしめることができないことは、上品の罪です。

44 種の違犯

第１条	菩薩の戒律儀を保持した菩薩が毎日、①如来か如来のチャイティヤ（祠堂）、あるいは、②法か法に関する経巻、すなわち菩薩の経蔵か菩薩の経蔵の本母（要項をまとめたもの）、あるいは、③僧伽、すなわち、十方において大地《だいち》（不退転地、すなわち第八不動地以上の階位）に入った菩薩たちの僧伽、これら①②③のいずれかに対して、供養に関するなすべきことを、少しでも、多くでもなさず、乃至、身体によって１回の礼拝（身業）さえもなさず、乃至、仏・法・僧の三宝の功徳に関する四句からなる偈頌の１偈だけさえも言葉で誦して（口業）たたえず、乃至、心によって仏・法・僧の三宝の功徳の随念を先とした浄信（意業）の１つだけもなさずに、昼夜をすごすならば、違犯のある者（罪を生じた者）であり、違越のある者（菩薩の法に逸脱する者）となります。 もしも、不恭敬《ふくぎょう》（敬わないこと）と怠慢と懈怠から違犯におちいったならば、染汚の違犯におちいったものとなります。 もしも、忘失から違犯におちいったならば、非染汚の違犯におちいったものとなります。 心が狂乱した者にとっては、これを行わなくても無違犯です。 浄意楽地《じょういぎょうじ》（初地）に入った者にとって、これを行わなくても無違犯です。 すなわち、その菩薩は清浄なる意楽をもつから常に自然に三宝供養を努めているのです。例えば、證浄《しょうじょう》を得た比丘は、常に、自然に仏・法・僧の三宝に仕え、最勝の供養によって供養するが如くです。

この第１条は次のように解釈できます。

菩薩は、毎日、仏・法・僧伽（大地＝不退転地、つまり第八不動地以上に入った菩薩たちの僧伽）を供養すべきです。

しかし、浄意楽地（初地・歓喜地）に入った菩薩は、常に自然に三宝の供養をしているから、あえて三宝の供養を行わなくても違犯とはなりません。

大乗の菩薩は、布施をはじめとする六波羅蜜の相（リンガ）の現行する状態にいるが未だ発心していない「種姓地」、初発心をおこしたが未清浄な意楽を持つので凡夫の位である「勝解行地《しょうげぎょうじ》」から、修行をして悪趣などを超過し、初めて悟りの智慧があらわれ、真理（諦）を見るが完全ではなく、清浄な意楽をもち、聖者（アーリヤ）の位に入った「浄意楽地」（これは十地のうち初地・歓喜地、十三住のうち極歓喜住に相当）に至ります。

「増上戒住」（戒に反する垢れから離れた第二離垢地《りくじ》に相当）では、十善業道を具足し、戒波羅蜜を多く実践し、戒波羅蜜の菩薩行に特にひいでています。

しかし、この階位で菩薩戒の実践が完了するものでもなく、この階位で「戒」以外の菩薩行を実践しないのでもありません。

菩薩は、さらに、各々の階位において菩薩戒をはじめとする菩薩行を実践して、次第に悟りへと深まっていくのです。

このようにして「有加行有功用《うけぎょううくゆう》無相住」（第七遠行地に相当）までは、菩薩行を努力して行いますが、無生法忍を得て自在力を獲得した「無《む》加行無功用無相住」（第八不動地に相当）の菩薩は、努力して行う修行は完成し、特別に努力をしなくても自然に菩薩行が積まれるのです。

この第八地以上が不退転地ともいわれます。

第２条	菩薩は、生じたところの大欲と不知足（足るを知らないこと）、そして利得（獲得したもの）と尊敬とに対する執着を捨てずにそれに浸るならば、違犯のある者であり、違越《いおつ》のある者となり、染汚の違犯におちいります。 それを捨てたいという願いが生じて、そのために努力をし、それの対《たい》治《じ》（なおし正すこと）を得て、その対治に耽り努めることによって、それの阻止に住している者には、本性上煩悩が強いことに打ち勝たれて何度もそれが現行しても、無違犯です。

第３条	菩薩は、自分よりもかなり年上で有徳にして尊敬されるべき同法者を見たとき、慢心に打ち勝たれ、または、悪意の心を持ち、あるいは、いかり憎みの心を持って、立ち上って坐席を与えません。そして、他の人たちによって話しかけられ、しゃべられ、挨拶をされ、安否などを尋ねられても、慢心に打ち勝たれるか、悪意の心を持つか、いかり憎しみの心を持つかして、理にかなった返答を得たいという志向を捨てた言葉の返答をなさないならば、違犯のある者であり、違越のある者となり、染汚の違犯におちいります。 もしも、慢心に打ち勝たれていないか、悪意の心を持っていないか、いかり憎しみの心を持っていないけれども、怠慢と懈怠から、あるいは、無記《むき》の心（善悪いずれでもない心）を持って失念からなすのならば、違犯のある者であり、違越のある者となりますが、心の過失が多くはないので染汚の違犯におちいりません。 重病か心が狂乱した者は返答等をしなくても無違犯です。 この人が“相手は目覚めている”という思いをもって近寄って来て、話しかけ、しゃべり、挨拶をし、尋ねるけれども、眠り込んでいてそれに返答等をしないのならば、無違犯です。 他の人たちに対する説法、あるいは、論（アビダルマ）や律（ヴィナヤ）関係についての論議決択に努めているならば、返答等をしなくても無違犯です。 その人以外の他の人たちに挨拶をしているのならば、その人に返答等をしなくても無違犯です。 他の人たちの説法、あるいは、論議決択に耳を傾けて聴いているのならば、法などの聴聞の障害になるので返答等をしなくても無違犯です。 他の聴聞者が精神集中できなくなって法談が楽しくなくなることと説法者の心とを守るのならば、返答等をしなくても無違犯です。 その方便によって、かの有情たちを調伏し教化して、不善処から出して善処に置くのならば、返答等をしなくても無違犯です。 彼に敬礼の行為をなすべきでない、彼と一緒に話すべきでない、というような僧伽の規則を守るのならば、返答等をしなくても無違犯です。 他のかなり多くの人々の心を守るのならば、彼らに菩薩に対して悪意の心が生じるのを防いで、返答等をすることをしなくても無違犯です。
第４条	菩薩が他の人たちによって自分の家や他の僧院や他の家に、食物と飲物と衣服等の資具をもって招待された場合、慢心に打ち勝たれ、あるいは悪意の心を持ち、あるいはいかり憎しみの心を持って、行かずに招待を受けないならば、違犯のある者であり、違越のある者となり、染汚の違犯におちいります。 怠慢と懈怠から行かないならば、非染汚の違犯におちいります。 病気でできない者、あるいは心が狂乱した者は行かなくても無違犯です。 場所が遠いか、または途中に恐怖があるならば、行かなくても無違犯です。 その方便によって、この人を調伏せんと欲し、教化せんと欲して、不善処から出して善処に置かんと欲するならば、行かなくても無違犯です。 ずっと以前に他の人と約束してあるならば、行かなくても無違犯です。

	断えず善品を実行していて、善法の障害となることと断えず善品の実行をできなくなることを防ぐために、行かないならば、無違犯です。 以前に聴聞しなかったので、その意味ある法義の聴聞を失うのを心配するから行かないならば、無違犯です。 法義の聴聞の場合の如く、論議決択の場合にも行かなくても無違犯です。 苦しめようという意向をもって招待されたならば、行かなくても無違犯です。 他のかなり多くの人々の悪意の心を防ぐのならば、行かなくても無違犯です。 僧伽に属する規則を守るのならば、行かなくても無違犯です。
第５条	菩薩は、他の人たちから、金・銀・マニ珠・真珠・瑠璃をはじめとする種々の、多くの、最勝の、財物から成るものすべてを得る場合、時機を得て与えられるのに、悪意の心を持つか、あるいはいかり憎しみの心を持って、受け取らず拒絶するならば、違犯のある者であり、違越のある者となり、有情を捨てて顧みないから染汚の違犯におちいります。 怠慢と懈怠から受け取らないならば、違犯のある者であり、違越のある者になるけれども、染汚の違犯にはおちいりません。 心が狂乱した者は受け取らなくても無違犯です。 それを受け取ることによって心のとらわれとなることを見るならば、受け取らなくても無違犯です。 この後、この人（施主）の後悔となることを懸念するならば、受け取らなくても無違犯です。 この人（施主）による布施がおろかさ（癡）によって迷乱（惑）であることを懸念するのならば、受け取らなくても無違犯です。 得た物（財物）を捨施すること、その因によって施主が貧乏と困窮になることを懸念するのならば、受け取らなくても無違犯です。 その物が僧伽に属する物、または仏塔（ストウーパ）に属する物であることを懸念するのならば、受け取らなくても無違犯です。 非理《ひり》に他の人から奪った物であることを懸念するのならば、他の人から奪ったことによって殺害や捕縛や杖罰や財産消失や呵責がこの人に生じるから、受け取らなくても無違犯です。
第６条	菩薩は、他の求法者たちに対して、悪意の心を持つか、いかり憎しみの心を持つか、ねたみによって邪魔されるかして、法を与えないならば、違犯のある者であり、違越のある者となり、染汚の違犯におちいります。 怠慢と懈怠から与えないならば、違犯のある者であり、違越のある者となるが、染汚の違犯におちいりません。 過誤を求める外道《げどう》に法を与えなくても、無違犯です。 重病なる者か、あるいは、心が狂乱した者に法を与えなくても、無違犯です。 その方便によって、調伏し教化せんと欲し、不善処から出して善処に置かんと欲するのならば、法を与えなくても無違犯です。 法を知らずよく精通していないならば、法を与えなくても無違犯です。 もしも、その人が恭敬せず、敬い重んじないで悪い威儀《いぎ》で法を受けるであろうと懸念するならば、その人に法を与えなくても、無違犯です。

	鈍根の者に対する広大な説法によって鈍根の者が法の獲得を恐れるようになり、かえって邪見と邪執と加害とそして悩乱（心の混乱）となることを懸念するならば、そのような人に法を与えなくても無違犯です。 その人の手にわたったならば、他の非器たる者たちに法が伝播するのを懸念する場合、そのような人に法を与えなくても無違犯です。
第７条	菩薩は、凶暴で戒を犯した有情たちを、凶暴であることと戒を犯したことを縁として、悪意の心を持つか、あるいはいかり憎しみの心を持って、捨てて顧みないか、軽べつするならば、違犯のある者であり、違越のある者となり、染汚の違犯におちいります。 怠慢と懈怠から捨てて顧みず、失念から軽べつするならば、違犯のある者であり、違越のある者となりますが、染汚の違犯にはおちいりません。 なぜならば、菩薩にとっては、戒を保ち身・語・意の三業の所行が寂静である人に対してよりもむしろ、凶暴で戒を犯した有情たちと、利益と安楽をなさないので苦の因に住している者たちとに対して、悲愍の心と饒益しようと欲することとが現在前するからです。 心が狂乱した場合には、捨てて顧みず、軽べつしても無違犯です。 その方便によって、この人を調伏せんと欲するならば、先のように、無違犯です。 多くの他の人々の、″これは犯戒に等しい″と誹謗する心を防ぐのならば、捨てて顧みず、軽べつしても無違犯です。 僧伽の規則を守るのならば、捨てて顧みず、軽べつしても無違犯です。
第８条	他の人の心を守る目的で未浄信者たちが浄信をおこし、浄信者たちの浄信がますます増えるために、世尊により別解脱律において制定された制止遮罪《せいししゃじゃい》（飲酒、非時食など）を、菩薩は声聞たちと等しく学ぶのであって、相違はありません。 なぜならば、声聞たちは、先ず第一に自利に専心するだけですが、その声聞たちも未浄信者たちが浄信をおこし、浄信者たちの浄信がますます増えるために、他の人の心を守らないことはなく、それを学ぶのです。 ましてや、利他に専心する菩薩たちが、それを学ぶのはいうまでもありません。 しかし、声聞たちの少事（目的が少なく控えめであること）·少業（なすべきことが少ないこと）·少希望《しょうけもう》に住すこと（関心がすくないこと）に関して、世尊によって制定された制止遮罪を、菩薩は声聞と等しく学びません。 なぜならば、声聞は、自利に専心して（財物の不正所得を禁じた捨堕法のうち、衣・鉢・臥具、金銀銭に関するもの等）利他を顧みませんので、声聞が利他に関して少事で、少業にして、少希望《しょうけもう》に住するのは、適しています。 しかし、菩薩は、利他に専心するので、菩薩が利他に関して少事（ひかえめ）で、少業にして、少希望に住するのは、適していません。 すなわち、菩薩は、利他のために、約百・千の衣を、親縁関係のないバラモンと居士たちから求めるべきです。

これに対し、声聞の戒では，三衣を奪われる、焼かれる等で失った場合は、親縁関係のない居士等に衣を求めてよいのですが、たとえ欲するだけ多くの衣を取ってよいといわれても、二衣だけ受け取ることが許されるだけです。

衣の如く、鉢も同様です。

利他のために、百の絹の寝具とその上に坐る百の敷物も用意されるべきです。一方、声聞の戒では、絹綿の敷具、または絹糸を雑えた敷具を新作することが禁止されています。

百・千コーティ（100×1000×10000000）のオンスより以上の金・銀をも受けられるべきです。一方、声聞の戒では自分で金･銀･銭を受けることが禁止されています。

菩薩戒律儀に安住した菩薩が、このような声聞たちの少事・少業・少希望に住すること（目的が少なく控え目で、なすべきことがすくなく、関心がすくないこと）に関して、声聞たちの制止遮罪を等しく学び、悪意の心を持つか、あるいはいかり憎しみの心を持って、利他に関して少事で、少業にして、少希望に住しているならば、違犯のある者であり、違越のある者になり、染汚の違犯におちいります。

つまり、菩薩は、自利に関しては声聞の遮罪を学ぶべきですが、利他に関しては声聞の遮罪を学ぶべきではないのです。

怠慢と懈怠から、少事で、少業にして、少希望に住しているならば、違犯のある者であり、違越のある者になり、非染汚の違犯におちいります。

この第８条において、この瑜伽戒は通三乗《つうさんじょう》（声聞乗・独覚乗・菩薩乗に共通）の立場をとる中期大乗の『瑜伽師地論』所説の菩薩戒でありますので、声聞の戒（小乗戒）を菩薩戒に結びつける試みがなされています。

すなわち、この第８条では、声聞乗を許容します。この大乗の菩薩には声聞と等しく学ぶ所学と等しく学ばない所学とがあるのです。

飲酒戒や非時食戒などの遮罪は、菩薩も守るべきです。

しかし、衣、鉢、臥具、金銀銭などの財物の不正所得を禁じた捨堕法、例えば乞衣戒、取非親尼衣戒、過分取衣戒、長鉢戒、乞新鉢戒、自乞縷糸非親織戒、蚕綿臥具戒、受蓄金銀銭戒などの、声聞に禁じられている遮罪を、菩薩は利他のためであるならば行うことが許されるのです。

第９条	ある性罪《しょうざい》（本性上の罪）であるものを、菩薩が次のような善巧方便《ぜんぎょうほうべん》によって行うならば、それによって、違犯のある者にならず、多くの福徳が生じるのです。 （中略）

この第9条では、十善戒をも超えようとして、在家の菩薩が、有情に対する憐愍《れんみん》（思いやり）の心をもち善巧方便として行うならば、性罪を犯すことも許容されます。

つまり、在家の菩薩は、十善戒のうち、不殺生、不偸盗、不邪淫、不妄語、不両舌、不悪口、不綺語の７つを上記の条件のもとでならば行ってよいとします。

三毒のうち貪欲（ラーガ）を認め、有情への貪欲（有情への親愛、愛憐）から生じた菩薩のこのような行為は許されるのです。

この第9条は、出世間レベルのことであって、現実の世俗社会において許されると説いているのではありません。

この第9条の理念、精神に思いをいたし、その意思や動機が純粋なる利他の精神にもとづき、般若と善巧方便を伴って、慈悲の心をもって利他行を実践すべきであるということを、比喩的・象徴的に述べていると我々は理解すべきでしょう。

ここに、後のインド密教の度脱、呪殺へと展開する思想がみられます。

第10条	菩薩は、①矯詐《きょうさ》（わるだくみ）②虚談《こだん》（偽って語ること）③現相（何かを求めて表面を偽ること）④方便研求《ほうべんけんぐ》（他人に強いて求めること）⑤以利求利（他の人から得た物よって利益になる物を貪ること）の５種の邪命法《じゃみょうほう》（邪な生活）を楽しみ、それらを恥じず、除去しないならば、違犯のある者であり、違越のある者となり、染汚の違犯におちいります。 それを除去したいという願いが生じ、そのための努力に取りかかる人は、煩悩の多いことによって心が打ち負かされてそのことを行っても、無違犯です。
第11条	菩薩は、掉擧《じょうこ》（心が落ち着かないこと）にとらえられた心によって寂静でなく、不寂静を楽しみ、声高に笑い、たわむれ、やかましい喜びの声を出し、軽躁な娯楽を示し、他の人を笑わせんと欲し喜ばせんと欲するのならば、正にこれを縁となして、違犯のある者であり、違越のある者になり、染汚の違犯におちいります。 失念によりなされたのならば、非染汚の違犯におちいります。 それを除去したいという願いが生じた人は無違犯です。 他の人たちの生じた悪意を、その方便によって除去したいと欲するのならば、無違犯です。

	他の人たちの生じた憂いを除去したいと欲するのならば、無違犯です。 それを本性としそれを楽しむ他の人たちを、摂受するために、あるいは、親しみを守るために、あるいは、彼に従って行うために、これをなすのならば、無違犯です。 菩薩に対する憤怒となる懸念と、悪意と背を向けることとになる懸念とがある他の人々に対し、上機嫌で内心の清浄を示さんがために、それをなすのならば、無違犯です。
第12条	″菩薩は涅槃を楽しんで住すべきではありません。しかし、むしろ、涅槃を厭い背を向けて住すべきです。煩悩と随煩悩を恐れるべきではありません。もっぱら、心がそれらから離れるべきではありません。菩薩は、三阿僧祇劫《さんあそうぎこう》の間、輪廻しつつ、菩提を得るべきであるから″と、菩薩がこのような見解をもち、このような論をもつならば、違犯のある者であり、違越のある者となり、染汚の違犯におちいります。 声聞によって、涅槃を楽しむことが実行されるべきであり、煩悩と随煩悩から心が厭離《おんり》されるべきですが、菩薩はそれよりも百千コーティ（100×1000×10000000）倍、涅槃を楽しむことが実行されるべきであり、煩悩と随煩悩からの心の厭離が修習されるべきです。 なぜならば、声聞は自分だけのために努力するけれども、菩薩は一切の有情のために努力するからです。 菩薩は大智と大威力を具足するから、阿羅漢《あらかん》よりも勝れた無雑染《むぞうぜん》なるものを具して、有漏《うろ》の事柄を行う如く、そのように、菩薩によって無雑染の心を修習することが達成されるべきです。
第13条	菩薩は、自分の信用を失なう言葉を生み出す悪評と不名誉と悪い評判から、真実の事柄を守らずその悪評などを除去しないならば、違犯のある者であり、違越のある者となり、染汚の違犯におちいります。 真実でない事柄を防がず除去しないならば、違犯のある者であり、違越のある者となるが、非染汚の違犯におちいります。 相手の人が外道《げどう》であるか、または、他のいずれの人でも執着せるものであるならば、守らず除去しなくても無違犯です。 出家と行乞行《ぎょうこつぎょう》と善行を因縁とした悪評が生ずるのならば、守らず除去しなくても無違犯です。 いきどおりに打ち勝たれ、顛倒《てんどう》せる心を持つ人が悪評を言うのならば、守らず除去しなくても無違犯です。
第14条	菩薩は、なんでもつらく苦しい方便行《ほうべんぎょう》ときびしい方便行とによって、有情のためになると見るにもかかわらず、憂い（自分の心の苦）となることを防ぐために、その方便行を行わないならば、違犯のある者であり、違越のある者となり、非染汚の違犯におちいります。 現世の義利が少なくて、その因によって憂いが多いと見るならば、その方便行を行わなくても無違犯です。

第15条	菩薩は、他の人にののしられれば、ののしり返し、おこられれば、おこり返し、打たれれば、打ち返し、あなどられれば、あなどり返すならば（沙門《しゃもん》の四法から離れる過失を犯すならば）、違犯のある者であり、違越のある者となり、染汚の違犯におちいります。
第16条	菩薩は、他の人たちに違犯をなしたか、または、他の人たちから違犯をなしたと疑われたとき、いきどおりの心をもち、慢心にとらえられ、如理に懺謝せず無視するならば、違犯のある者であり、違越のある者となり、染汚の違犯におちいります。 怠慢と懈怠から、あるいは、放逸から懺謝しないのならば、違犯のある者であり、違越のある者となるが、非染汚の違犯におちいります。 その方便によって、調伏せんと欲し、教化《きょうけ》せんと欲して、不善処から出して善処に置きたいと望むのならば、懺謝しなくても無違犯です。 相手が外道であるならば、無違犯です。 不当な罪の現行によって懺謝させようと望む人であるならば、そのような人に懺謝しなくても無違犯です。 もしも、本性上けんか好きで口論をし、そして懺謝をされれば更に益々憤りつけあがるならば、そういう人に懺謝しなくても無違犯です。 相手は、忍耐を性質とする人であり無嫌根《むけんこん》（憤りのないこと）を性質とする人であると菩薩が想像し、他の人からの違犯に関して懺謝を受けることによって非常に恥じる人であるならば、その人に懺謝しなくても無違犯です。
第17条	菩薩は、ある争論において過失におちいった他の人々が如法に平等に懺謝するのに、いきどおりの心をもち、他の人を苦しめようとの意図をもって、その懺謝を受け入れないならば、違犯のある者であり、違越のある者となり、染汚の違犯におちいります。 もしも、いきどおりの心を持たないけれども、不忍耐を性質とするので、受け入れないのならば、染汚の違犯におちいります。 その方便によって、他の人を調伏せんと欲するのならば、それを受け入れなくても無違犯です。第16条で説いたように、すべてが知られるべきです。如法にではなく、平等にではなく懺謝をするならば、その懺謝を受け入れなくても無違犯です。
第18条	菩薩は、他の人々にいかりの意向をいだき、それを堅持し、生じたいかりの意向を捨てないならば、違犯のある者であり、違越のある者となり、染汚の違犯におちいります。 それを捨てたいという願いが生じた者には無違犯であって、前述のとおりです。
第19条	菩薩は、尊敬されることと仕えられることとに対する執着を主たるものとなして、愛染心によって大衆を導くならば、違犯のある者であり、違越のある者となり、染汚の違犯におちいります。 無愛染の心によって、尊敬されることと仕えられることとを獲得するならば、その菩薩の意向が清浄であるから無違犯です。

第20条	菩薩は、生じた怠慢と懈怠と、睡眠《すいめん》の楽・臥楽《がらく》・倚楽とを、不適当なときに、量を知らずに、獲得するならば、違犯のある者であり、違越のある者となり、染汚の違犯におちいります。 病気で能力がないならば、それらを獲得しても無違犯です。 道の途中で疲れたならば、無違犯です。 それを捨てたいという願いが生じた者には、無違犯であって、前述の如く知られるべきです。
第21条	菩薩は、世事の談説に愛着した心をもって時を過ごすならば、違犯のある者であり、違越のある者となり、染汚の違犯におちいります。 失念によって過ごすならば、非染汚の違犯におちいります。 他の人が話をしていて、彼は、その他の人に従って、一瞬の間でも、専念に住しつつ聞くのならば、そのように過ごしても無違犯です。 驚異となったものについてただ質問するだけのことと、質問に対する答をするだけのことにおいては、無違犯です。
第22条	心の安住をはじめとして、心を等持《とうじ》したいと欲する菩薩が、悪意の心を持ち、慢心にとらえられて、行って教授を請い求めないならば、違犯のある者であり、違越のある者になり、染汚の違犯におちいります。 怠慢と懈怠からそれを請い求めないならば、非染汚の違犯におちいります。 病気でそれをできないのならば、無違犯です。 顛倒《てんどう》した教授が生ずるのを懸念するのならば、それを請い求めなくても無違犯です。 自分自身、多聞《たもん》なるものにして心を等持する能力があるならば、あるいは、この教授によって教授を先に受けたならば、教授を受けに行かなくても無違犯です。
第23条	菩薩は、生じた貪欲《とんよく》（むさぼり）という蓋《がい》（煩悩、この場合は禅定に努めるための覆障）を耽溺して除去しないならば、違犯のある者であり、違越のある者となり、染汚の違犯におちいります。 それを捨てたいという願いが生じて努力しているけれども、はげしい煩悩によって心をが圧倒され、その蓋が現行《げんぎょう》するならば、それを除去しなくても無違犯です。 この貪欲の如く、瞋恚《しんに》（いかり）と惛沈睡眠《こんじんすいめん》（心がくらく身が重い）と掉挙悪作《じょうこおさ》（心が落ち着かず悩ませる）と疑《ぎ》（ためらい）（このような５種の五蓋《ごがい》）も同様に知られるべきです。
第24条	菩薩は、禅定を味わい、禅定を味わうことにおいて功徳を見るならば、禅定だけで満足するので、違犯のある者であり、違越のある者となり、汚染の違犯におちいります。 それを捨てたいという願いが生じた者は無違犯であって、前述したとおりです。

第25条	″菩薩は声聞乗に相応する法を聞くべきではありません。受持すべきではありません。それを学ぶべきではありません。菩薩が声聞乗に相応する法を聞き受持することは何の役にたつでしょうか。どうしてそれを学ぶ必要がありましょうか″と、菩薩がこのような見解をもち、このような論をもつならば、違犯のある者であり、違越のある者となり、染汚の違犯におちいります。 なぜならば、菩薩は先ず外道の論典をも研究にはげむべきですので、ましてや仏語《ぶつご》（仏陀の言葉）を研究すべきは言を俟たないからです。 もっぱら、小乗の法だけに専念したいという願いを取りのぞくためであるならば、無違犯です。
第26条	菩薩は、福徳・智慧の大資糧の道を教示するものたる菩薩蔵（大乗経典）があるのに、菩薩蔵の研究にはげまず、すべての菩薩蔵を完全に捨てて顧みず、声聞蔵を修学するならば、違犯のある者であり、違越のある者となり、染汚の違犯におちいります。
第27条	菩薩は、仏語があるのに仏語の研究にはげまず、外道の論典と世俗の論典を修学するならば、違犯のある者であり、違越のある者となり、染汚の違犯におちいります。 非常に聡明であり、速やかに学びとることができ、長い間失念しない能力があり、意味を考えて理解する能力があり、仏語に対する如理の考察（観察）をともなう不動なる理性を具足して、外道の論典などよりも２倍、毎日、仏語を修学するならば、外道の論典や世俗の論典を修学しても無違犯です。
第28条	さらにまた、このような規則を越えずに、外道の論典・世俗の論典について精通する場合、それを愛楽《あいぎょう》（願い求める）するやり方でなし、それを楽しみ、それを喜ぶのです。 しかし、苦い薬に親近《しんごん》している如くになさないならば、違犯のある者であり、違越のある者となり、染汚の違犯におちいります。

これら第25条から第28条までにおいて、菩薩は、大乗の仏の教えを学ぶだけではなくて、苦い薬に近づく如くになすべきであるという条件つきではありますが、声聞乗の法、外道（ティールティカ）の論典をも修学すべきであると説きます。

声聞乗・独覚乗・菩薩乗の三乗のそれぞれの存在価値を認める（通三乗）のみならず、外道の論典の修学をも認めるのです。

『瑜伽師地論』は中期大乗仏教（約４世紀～６世紀頃）の仏典ですので、通三乗の立場に立っているからです。

第29条	菩薩は、菩薩蔵において、真実義を聞く、あるいは仏・菩薩の威力に関して甚深できわめて甚深なる事柄を聞くとき、信解せず、そしり、 ″これらは、義利をともないません、法をともないません、如来によって説かれたものではありません。有情たちにとって利益と安楽とになりません″というならば、そういう菩薩は、自分の非理なる思惟によって、あるいは、他の人に従うことによって、謗っているのであって、違犯のある者であり、違越のある者となり、染汚の違犯におちいります。 菩薩は、甚深できわめて甚深なる事柄を聞いたとき、心が信解《しんげ》しないならば、その場合、菩薩は、浄信とへつらいのないこととによって、次のように″私は、盲目で、慧眼《えげん》がなく、如来眼に従って随説しているにすぎませんので、如来がお考えになってお説きになったものを非難することは、私には適切でないでしょう″と、よく学ぶべきです。 このように、その菩薩は、自分を無知であると計算して、″汝は正に如来を、それらの法に関して見えないことはないものであるとして、よく見よ″と考えて、このようであるならば、正しく行じたものです。 信解しないけれども、そしらないならば、無違犯です。
第30条	菩薩は、愛染心（自分を尊重する心）をもち、いかりにくむ心をもって、他の人々に対して、自分をほめたたえ他の人を誇るならば、違犯のある者であり、違越のある者となり、染汚の違犯におちいります。 教説に安住せしめんと欲し、外道たちに打ち勝たんと欲する者は、自讃毀他《さんきた》をしても無違犯です。 その方便によって、正にその人を調伏せんと欲する者は、無違犯です。 詳しくは前述のとおりです。 未浄信者が浄信をおこし、浄信者たちの浄信がますます増えるために、自讃毀他をなすならば、無違犯です。
第31条	菩薩は、慢心にとりつかれ、悪意の心をもち、いかり憎しみの心をもって、説法と正法の論議決択へ聴聞に行かないならば、違犯のある者であり、違越のある者となり、染汚の違犯におちいります。 怠慢と懈怠から行かないのならば、非染汚の違犯におちいります。 説法があるのを知らない場合、行かなくても、無違犯です。 病気でできないならば、無違犯です。 顛倒した教説ではないかと疑うならば、行かなくても無違犯です。 そこに行けば説法者が喜ばないであろうから、説法者の心を守る場合、行かなくても無違犯です。 何度も聞いて理解し知りおえた事柄の話であると知るならば、行かなくても無違犯です。 多聞であり、聞いたことを記憶して、聞いたことを積集する者であるならば、行かなくても無違犯です。 常に所縁に心を安住せしめ、菩薩の三昧を引き出すことに努めるならば、行かなくても無違犯です。 たいへん智慧が鈍くて、法を受けることが劣り、法を持することが劣り、所縁に心を等持することに劣った者であるならば、聖教を受けること等の学習に努めているので行かなくても無違犯です。

第32条	菩薩は、説法する人を思念しつつ、軽べつし、尊敬せず、嘲笑し、愚弄し、法に関して文字に依るがその意味を依りどころとしないならば、違犯のある者であり、違越のある者となり、染汚の違犯におちいります。
第33条	律儀《りつぎ》に安住する菩薩は、有情になすべきこと、すなわち、なすべきことをなしとげること、あるいは、道の往来、正しい世俗言説と活動とに努めること、財産の守護、仲違いした者を和解させることに対して、祭宴に対して、福徳をなす行いに対して、悪意の心をもちいかり憎む心を持って、援助に行かないならば、違犯のある者であり、違越のある者となり、染汚の違犯におちいります。 怠慢と懈怠から、援助に行かないのならば、非染汚の違犯におちいります。 病気でできないならば、無違犯です。 自分でなすことができ、頼りにする人がありますので、求められないならば、援助に行かなくても無違犯です。 非義（損害）と非法（不正）をともなった所作へ援助に行かないのならば無違犯です。 その方便によって、相手を調伏したいと欲するならば、無違犯です。 他の人とかなり以前に約束してしまったのならば、援助に行かなくても無違犯です。 他の力のある者に求めるならば、無違犯です。 常に善品を正しく勤修せる者であるならば、援助に行かなくても無違犯です。 本性上意（心のはたらき）が鈍く 、教誡を与えることに関して劣っているならば、その学習に努めているので援助に行かなくても無違犯です。 かなり多くの他の人たちの心を守りたいと欲する者は、援助に行かなくても無違犯です。 僧伽の規則を守りたいと欲する者は、援助に行かなくても無違犯です。
第34条	菩薩は、病気で苦しんだ病人に会ったとき、悪意の心をもち、いかり憎む心をもって、うやまって仕えて世話をすることをしないならば、違犯のある者であり、違越のある者となり、染汚の違犯におちいります。 怠慢と懈怠から、世話をなさないならば、非染汚の違犯におちいります。 自分自身、病気でできないならば、無違犯です。 能力があるふさわしい他の人に求めたならば、自分が世話をしなくても無違犯です。他の力のある者に求めるのならば、無違犯です。 病人に保護者があり、依処があるならば、世話をしなくても無違犯でです。 病人が自分自身で自分の世話・看病をなすことができるならば、自分が世話をしなくても無違犯です。 長い間の病気に悩まされていて、自分で生きていけるならば、世話をしなくても無違犯です。 すぐれた善品を不断に努めていて、善品のとぎれを防ぐために世話をなさないのならば、無違犯です。 非常に智慧が鈍く、劣った法を示すしかできず、受持することが劣り、所縁に心を等持することに劣るならば、世話をしなくても無違犯です。 他の人とかなり以前に約束したのならば、世話をしなくても無違犯です。

第35条	病人の世話をすることの如く、苦しんだ人の苦しみを除去するために助けることも同様に第34条の如く知るべきです。
第36条	菩薩は、現世と来世のために非理なることを行った人たちを見るとき、悪意の心をもち、いかり憎む心をもって、正理と如理（正理の教誡）を示さないならば、違犯のある者であり、違越のある者となり、染汚の違犯におちいります。 怠慢と懈怠からそれを示さないならば、非染汚の違犯におちいります。 自分自身、知らなくて、できないならば、示さなくても無違犯です。 できる他の人に求めたのであれば、自分で示さなくても無違犯です。 その人自身ができるのであれば、示さなくても無違犯です。 他の善友によって摂受されたならば、その善友が大師ですから、示さなくても無違犯です。 その方便によって調伏したいと欲するならば、示さなくても無違犯です。 ある人に正理による宣説がなされるべきであるところのその人は、悪意の心をもち、悪口をいい、顛倒《てんどう》（さかさま）して理解する人であり、親愛と尊敬とがなく、頑固を本性とする人であるならば、そういう人に示さなくても無違犯です。
第37条	菩薩は、恩のある有情たちに対して、恩を知らず、恩に気づかず、悪意の心をもち、適正な報恩をもって恩返しをしないならば、違犯のある者であり、違越のある者となり、染汚の違犯におちいります。 怠慢と懈怠から恩返しをしないならば、非染汚の違犯におちいります。 努力をしても能力がなくてできないのであれば、恩返しをしなくても無違犯です。 その方便によって、その人を調伏せんと欲するならば、恩返しをしなくても無違犯です。 正にその人が、恩返しを受けたいと欲しないならば、恩返しをしなくても無違犯です。
第38条	菩薩は、親戚と財産とを失う苦しみに住する有情たちに生じた憂いを、悪意の心をもって除去しないならば、違犯のある者であり、違越のある者となり、染汚の違犯におちいります。 怠慢と懈怠から、取り除かないならば、非染汚の違犯におちいります。 無違犯は、例えば、「なすべきことへ援助に行かないこと」(先の第33条）に関しての如く知るべきです。
第39条	菩薩は、食物と飲物等を欲して正しく求めて来た人に、悪意の心をもって、いかり憎む心をもって、食物と飲物等の資具（生活のための必需品)を与えないならば、違犯のある者であり、違越のある者となり、染汚の違犯におちいります。 怠慢と懈怠から、放逸から、それらを与えないならば、非染汚の違犯におちいります。 財物がなくて現存しないならば、与えなくても無違犯です。 不適当なものと不正なものを求めるのならば、与えなくても無違犯です。

	その方便によって、その人を調伏したいと欲し、教化したいと欲するならば、与えなくても無違犯です。 王に対する不適当な加害を防ぐのならば、与えなくても無違犯です。 僧伽の規則を守るのならば、与えなくても無違犯です。
第40条	菩薩は、大衆を摂受する時、悪意の心を持って、随時、正しく教授せず、正しく教誡しないで、物の欠乏した貧しい彼らのために、衣服・食物・臥具・敷物・病気を治す薬・資具を、浄信のあるバラモンと居士たちから、如法に求めないならば、違犯のある者であり、違越のある者となり、染汚の違犯におちいります。 怠慢と懈怠から、放逸から、教授せず、教誡せず、求めないならば、非染汚の違犯におちいります。 その方便によって、その人を調伏したいと欲し、教化したいと欲するならば、無違犯です。 僧伽に属する規則を守るのならば、それをなさなくても無違犯です。 病気でその実行に耐えることができないのならば、それをなさなくても無違犯です。 他の能力ある人に頼んだのならば、なさなくても無違犯です。 大衆は大福徳を持っていると、あるいは、自分自身で法衣などを求める能力があると菩薩が知り、そして、これらの人たちに対して、教授と教誡によって、教授と教誡の所作が既になされてしまったならば、菩薩はそれを行わなくても無違犯です。 以前外道であって、法を盗みにやって来たところのその人が、調伏されえない本性をもつ者であるならば、菩薩がその人にそれを行わなくても無違犯です。
第41条	菩薩は、悪意の心をもって、他の人たちの心に従って行わないならば、違犯のある者であり、違越のある者となり、染汚の違犯におちいります。 怠慢と懈怠から、放逸から、他の人の心に従ってなさないならば、非染汚の違犯におちいります。 他の人たちの望むものが宜しからざるものであるならば、他の人の心に従ってなさなくても無違犯です。病気でその実行に耐えないのならば、他の人の心に従ってなさなくても無違犯です。 僧伽の規則を守る場合には、他の人の心に従ってなさなくても無違犯です。 その人の望むことが適正なものであるにもかかわらず、かなり多くの人たちの望むことではなく、よろしからざるものであるならば、その人の心に従ってなさなくても無違犯です。 外道にしてうち負かされるべき者であるならば、その人の心に従ってなさなくても無違犯です。 その方便によって、他の人を調伏したいと欲し、教化したいと欲するならば、他の人の心に従ってなさなくても無違犯です。
第42条	菩薩は、悪意の心をもって、他の人たちに真実の功徳を明らかにせず、真実の讃歎を言わず、妙説（仏の言葉と三宝の特性にもとづいた言葉）に対して〝そのとおりだ〟ということを与えない（賛同しない）ならば、違犯のある者であり、違越のある者となり、染汚の違犯におちいります。

	怠慢と懈怠から、放逸から、それをいわないならば、非染汚の違犯におちいります。 本性上、相手は自分自身の功徳を他の人にもいわれたくないほどに少欲であるかもしれないと懸念して、その人の心に従ってなすならば、それをいわなくても無違犯です。 病気でできないのであれば、無違犯です。 その方便によって、その人を調伏したいと欲し教化したいと欲するのならば、それをいわなくても無違犯です。 僧伽に属する規則を守るのならば、それをいわなくても無違犯です。 真実の功徳を明らかにすること等によって、雑染《ぞうぜん》と躁慢《きょうまん》（慢心）と高慢を無義なるもののために起こすのを懸念して、それを取り除くためにであるならば、それをいわなくても無違犯です。 その功徳は似て非なる功徳であって真実の功徳ではなく、妙説は似て非なる妙説であって真実の妙説ではないならば、それらをいわなくても無違犯です。 外道であってうち負かされるべきものであるならば、その人にいわなくても無違犯です。 話の終わりのときを待っているのならば、いわなくても無違犯です。
第43条	菩薩は、しかりつけられるに値し、罰せられるに値し、追放されるに値する有情たちを、染汚の心をもって、しかりつけず、あるいは、しかりつけるにもかかわらず罰することによって教誡しない、あるいは、教誡するにもかかわらず追放しないならば、違犯のある者であり、違越のある者となり、染汚の違犯におちいります。 怠慢と懈怠から、放逸から、しかりつけない、乃至、追放しないならば、非染汚の違犯におちいります。 治療されえない本性をもつ人、すなわち、話しあえない人、悪口をいい、うらみ、いかりの多い人を捨てて顧みないならば、しかりつけない、乃至、追放しなくても無違犯です。 喧嘩などの恐れを見るので他の適切なときを待つのならば、しかりつけない、乃至、追放しなくても無違犯です。 その因によって、喧嘩と非難と争いと抗論になるのを見るならば、しかりつけない、乃至、追放しなくても無違犯です。 僧伽の衝突と分裂になるであろうとみるならば、しかりつけない、乃至、追放しなくても無違犯です。 その有情たちは、へつらいのない人にして、はげしい慚《ざん》と愧《き》を持っていて、非常にはやく過失を悔い改める人であるならば、そういう有情たちをしかりつけない、乃至、追放しなくても無違犯です。
第44条	種々なる神通《じんずう》と変現《へんげん》と威力《いりき》を具足した菩薩が、恐れさせるにふさわしい有情たちを恐れさせるために、導き入れられるにふさわしい有情たちを導き入れるために、教説をにくむ人たちの信施　（三宝にささげる布施）を捨てさせるために、神通によって、恐れさせず、導き入れないならば、違犯のある者であり、違越のある者となり、非染汚の違犯におちいります。 有情たちが、マントラ（真言）や薬や神変をなすことに著しく執着し、外道にして、聖者をそしり、邪見を具足する者であるならば、神通を示さなくても無違犯です。

この第44条では、仏教の教えを憎む人たちを、神通《じんずう》によって、恐れさせて教化し、仏教に導き入れなければならないとします。神通力、変現、威力によって調伏し教化します。これも有情を利益する方法です。

すべての場合（第1条～第44条）において無違犯となる人

すべての場合（第1条～第44条）において、非常に心が狂乱した人、苦を受けることによって苦しむ人、律儀《りつぎ》をまだ受けていない人は、無違犯です。

菩薩たちの学処（律儀戒・摂善法戒・饒益有情戒）

菩薩たちの学処は、以上これらの事柄だけです。律儀戒と摂善法戒と饒益有情戒に関して、それぞれの他の経典において世尊によって別々に説かれたものですが、それらは、この菩薩蔵の本母《ほんも》（すなわちこの『菩薩地戒品』）において、総合して説かれたのです。

菩薩は、律儀戒における学びたいと欲する清浄意楽《いぎょう》と、摂善法戒における菩提を欲する意楽と、饒益有情戒における有情を利益しようという意楽とによって、他の人から律儀を正受して、尊敬が生じ、最勝の尊重をなして、それらを学ぶべきです。

むさぼり（貪）から生じたものは違犯ではない

菩薩の犯戒道においても、完全な違犯（無餘犯）はありません。それは世尊が「菩薩の違犯は、大部分、いかり（瞋）から生じたけれども、むさぼり（貪）から生じたのではない、と知るべきである」と『優波離所問経』においてお説きになりました。

すなわち、このむさぼり（貪）とは、ここにおいては、有情への親愛であることを示したのであって、その有情への愛憐《あいれん》にもとづいて、菩薩がいかなることを行っても、それら一切は，菩薩のなすべきことであり、有情の利益に属しますから、たとえ行っても、悪作になりません。善い行いとなります。

したがって、むさぼりから生じたものは、違犯ではありません 。

これに関して、特別の意図は次の如くであると見るべきです。

⑴ 有情への親愛と有情への愛燐《あいれん》（いつくしみ）に関する限り、およそいかなることを菩薩が行っても、それら一切は、菩薩によってなされるべきことであり、なされるべきでないことではありません。なされるべきことを行っている人が違犯におちいることは理にあわないのです。

⑵ しかし、有情たちを憎んだ菩薩は、自利と利他の行為を行わないのです。これは菩薩のなすべきことではありません。そのようになすべきでないことを行っている人が違犯におちいることは理にあうのです。

3つの円満を具足し安楽に触れる

自分の律（ヴィナヤ）を学ばんと努力する菩薩は、次の3つの円満（完全）に触れています。

⑴ 実修の円満（身・語・意の清浄な行いにもとづくこと）

⑵ 意楽《いぎょう》の円満（正しく出家した人の修行を目的として善説の事柄にもとづくこと）

⑶ 宿因（過去につくった因）の円満（生活の資具の最勝なる不欠乏性にもとづくこと）

この3種の円満を具足し、律を学ばんと努める菩薩は、安楽に触れているのです。

これとは反対に、3種の欠乏（不完全）を具足する人は苦に触れています。これが菩薩の宿因の円満であると知るべきです。

項　目	説　明
①実修の円満とは	菩薩は諸の戒を破ることなく、身・語・意の行いが清浄で、しばしば違犯をなすことを行わず、万一、違犯をおかしても悪を発露《ほつろ》する者であることです。
②意楽の円満とは	法を目的として出家した者であり、生活を目的としてではありません。大菩提を求める者ですが、それを求めない者ではありません。沙門たること（十地において三学の加行に属する道）と涅槃《ねはん》（大乗の涅槃、すなわち無住処涅槃）を求める者であることです。 彼は、このように求める者でありますので、怠惰でいることなく、劣った精進をもつものでなく、煩悩（現在世において引き続き起る煩悩）、後《ご》有（未来世における再生）、熱病、

	苦の異熟（再び生まれることとなるからであって、その過患は、現在世において煩悩の現行により身体と心とが苦しみ、未来世において悪趣に行き再生するであろうから）、未来における生・老・死といった悪の不善なるものと雑ざった者ではありません。
③宿因の円満とは	例えば、菩薩は以前の他の生において福徳（布施からなる福徳をもたらす事柄）を行い、善なること（大財物の障害を捨てること）を行って、それ故、今世において、衣服と食物と臥具と坐具と病気をなおす薬と資具に自分自身で欠乏することはなく、他の人たちにも分配することができます。

菩薩のすぐれた三種の戒のあつまり（三聚浄戒《さんじゅじょうかい》）

以上のように、この菩薩のすぐれた三種の戒のあつまり（三聚浄戒）は大菩提という結果を起こすものです。

この戒のあつまりにもとづいて、菩薩は戒波羅蜜を完成し、無上正等菩提を獲得します。

正等覚《しょうとうがく》を獲得しない限り、その間、この無量なる菩薩戒のあつまりを学ぶならば、その人は５種の利点を得ます。

五種の利点

- ①　諸仏によって御心にかけられ守られる。
- ②　死の恐怖を越えたので（死の現世から生を転じれば諸の仏・菩薩に会うであろうことを思惟することによって、死に対する恐怖を越えたので）大歓喜に住しつつ死ぬ。
- ③　身体が滅しても、これと等しいかよりすぐれた戒をもつ諸菩薩が同分にして同法者、善友《ぜんう》となった者たちであるところ、そこに生まれる。
- ④　戒波羅蜜を完成する無量なる福徳のあつまりを具足した者となる。
- ⑤　現世と来世においても、自性の戒たること、戒がその本性とするもの（不変、恒常なる戒であるので法性の戒）を獲得する。

菩薩の３種のなすべきこと

この三聚浄戒も、要約すれば、菩薩の３種のなすべきことを行います。

菩薩の3種のなすべきこと

① 律儀戒は心の安住に導く（無染なる法を享受する喜びに住する）。

② 摂善法戒は自分の仏法の成熟に導く（仏法を成熟することに基づき、自利を達成する）。

③ 饒益有情戒は有情の成熟に導く（有情を成熟することに基づいて、利他を達成する）。

菩薩のなすべきことのすべては、①現世において安楽に住せしめんがために心が安住すること、②身体と心が疲れずに仏法を成熟することと、③有情を成熟することです。

すなわち、①自分自身を器たるものになさしめること、②自利と③利他を達成することです。

この菩薩の戒は、これだけといってよいのです。

グルチュ・ダルマバドラ

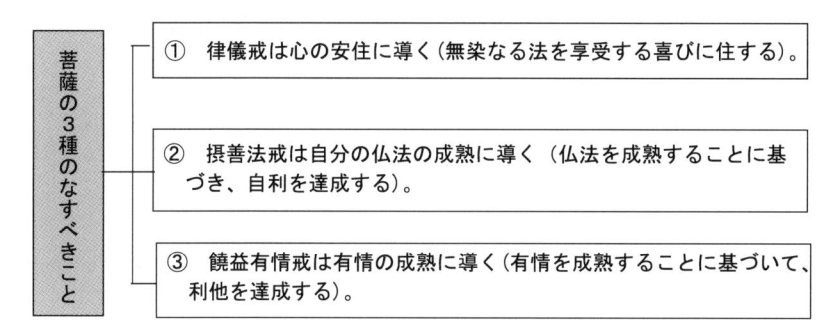

⑥ 三聚浄戒と４他勝処法・44 違犯の関係

４種の他勝処法・44 種の違犯が三聚浄戒のどれに相当するか

三聚浄戒を具体的なかたちにあらわした菩薩の学処が４種の他勝処法と44 種の違犯《いぼん》（軽戒《きょうかい》）です。

ボーディバドラ（紀元後1000年頃在世）が著した『菩薩律儀二十難語釈』では、これら４種の他勝処法・44 種の違犯が三聚浄戒のどれに相当するかを述べています。

４種の他勝処法と三聚浄戒の関係

４他勝処法	三聚浄戒の関係
第１条	自分をほめ他人をそしることは律儀戒の「現在の利得と恭敬に執着しないこと」に違背
第２条	財と法を惜しむことは摂善法戒と饒益有情戒の「布施波羅蜜を行うこと」に違背
第３条	怒って相手の陳謝を受け容れないことは律儀戒と摂善法戒の「他の人による違犯を許すこと」に違背
第４条	菩薩蔵をそしることは摂善法戒に含まれる清浄戒《しょうじょうかい》（『菩薩地戒品』で説かれる第９番目の項目）の「悪見を捨てること」に違背

これら４他勝処法は「十善戒の貪・瞋・痴をやや具体的に説いたものである」とされます。（勝又俊教『唯識思想と密教』春秋社　1988 年　p.24）

44 違犯と三聚浄戒との関係

次にボーディバドラが説く 44 違犯と三聚浄戒との関係をみておきましょう。

44違犯	三聚浄戒との関係
第１条	摂善法戒の「随時、広大な一切種（財供養と正行供養）によって三宝を供養すること」に違背
第２条	律儀戒の「利得と恭敬を貪求せず、少欲知足なること」に違背

第３条	律儀戒の行為に違背し、饒益有情戒の「他の人の心を護ること」に違背
第４条	饒益有情戒に違背
第５条	饒益有情戒の「福徳の助けに行くこと」に違背
第６条	摂善法戒と饒益有情戒の「布施波羅蜜」に違背
第７条	律儀戒の「温厚なること」に違背
第８条	摂善法戒の「波羅蜜」に違背し、饒益有情戒に違背
第９条	有情に対する貪欲（ラーガ）による過犯は捨てるべきでない
第10条	律儀戒の「清浄な生活」に違背
第11条	律儀戒の「掉挙《じょうこ》（心が落ち着かないこと）でないこと」に違背
第12条	律儀戒の「全く心が煩悩・随煩悩から離れていることを楽しむこと」に違背
第13条	摂善法戒の「正念正知正行（記憶して忘れず知って自覚して行うこと）」と「自分の誤りを確実に見て、確実に見てから捨てること」に違背
第14条	饒益有情戒の「尊敬しなくなり迷乱せる者を、利益せんと考えて、５種の教誡によって、再三、訶責し、憶念せしめること」に違背
第15条	律儀戒と摂善法戒によって「他人の利益を求めること」に違背
第16条	摂善法戒の「破戒の因となる煩悩・随煩悩を楽しまず捨てること」に違背
第17条	３種の戒のうちのいずれに違背するかは言及せず
第18条	３種の戒のうちのいずれに違背するかは言及せず
第19条	饒益有情戒の「如法に大衆を摂受すること」に違背
第20条	摂善法戒の「精進波羅蜜」に違背
第21条	律儀戒の「世事の雑踏の中にいても、悪い話を楽しまないこと」に違背
第22条	律儀戒の「三昧（サマーディ）を引き出すことに努めること」に違背

第23条	律儀戒の「悪い省察をおこさないこと」と摂善法戒の「等至《とうじ》（サマーパッティ）の煩悩を楽しまないこと」とに違背
第24条	摂善法戒の「等至を味わい楽しまないこと」に違背
第25条	摂善法戒に含まれる清浄戒の「悪見を捨てること」に違背
第26条	摂善法戒の「聞《もん》・思《し》に努めること」に違背
第27条	摂善法戒の「聞・思に努めること」に違背
第28条	３種の戒のうちのいずれに違背するかは言及せず
第29条	摂善法戒の「聞・思に努めること」と「悪見を捨てること」に違背
第30条	摂善法戒の「破戒の因たる煩悩·随煩悩を楽しまず捨てること」に違背
第31条	摂善法戒の「聴聞に努めること」に違背
第32条	摂善法戒の「師匠を尊敬すること」に違背
第33条	饒益有情戒の「有情利益をなすために助けをすること」に違背
第34条	饒益有情戒の「病人に仕えること」に違背
第35条	饒益有情戒の「他の人の苦しみを除去すること」に違背
第36条	饒益有情戒の「正理を教示すること」に違背
第37条	饒益有情戒の「知恩《ちおん》（なされたことを知ること）を守ること」に違背
第38条	饒益有情戒の「憂いを取り除くこと」に違背
第39条	饒益有情戒の「利益を与えること」に違背
第40条	饒益有情戒の「法と財をもちいて摂受すべきこと」に違背
第41条	饒益有情戒の「他の人の心に随って転じること」に違背
第42条	饒益有情戒の「功徳の称讃をいうこと」に違背
第43条	饒益有情戒の「弾訶《だんか》（議論で負かすこと）の所作」に違背
第44条	饒益有情戒の「脅かすこと等の所作」に違背

摂善法戒・饒益有情戒に違背するもの

因にタクパ・ギェルツェンの『二十偈頌の註疏』、ツォンカパの『菩提正道』、グルチュ・ダルマバドラの『菩提正道の心髄』は、44 違犯のうち第 1 条～第 32 条を摂善法戒に違背するもの、第 33 条～第 44 条を饒益有情戒に違犯するものとみています。

この摂善法に違背するもの（第 1 条～第 32 条）を布施・持戒・忍辱・精進・禅定・般若の六波羅蜜の 6 つに細分して、①第 1 条～第 6 条は布施波羅蜜に違背、②第 7 条～第 14 条は戒波羅蜜に違背、③第 15 条～第 18 条は忍波羅蜜に違背、④第 19 条～第 21 条は精進波羅蜜に違背、⑤第 22 条～第 24 条は静慮波羅蜜に違背、⑥第 25 条～第 32 条は般若波羅蜜に違背するとみなしています。

また、第33条～第44条の饒益有情に違背するものを、タクパ・ギェルツェンの『二十偈頌の註疏』とツォンカパの『菩提正道』は 4 種（物を与えないこと・危害を除去すること・饒益しないこと・弾訶しないこと）に細分しています。

これを四摂事《ししょうじ》（同事・愛語・布施・利行）を行わないこととみなすのは、唐時代の新羅の僧、遁倫《とんりん》（約 650-730 年頃）の集撰による『瑜伽論記』等の理解です。

遁倫の『瑜伽論記』では、 4 他勝処法と同様に、44 違犯も摂善法戒に配属されています。

要するに、タクパ・ギェルツェンの『二十偈頌の註疏』、ツォンカパの『菩提正道』、グルチュ・ダルマバドラの『菩提正道の心髄』が摂善法戒に属するとみるもののうち、ボーディバドラの『律儀二十難語釈』は第 2 条、第 3 条、第 7 条、第 10 条、第 11 条、第 12 条、第 15 条、第 21 条、第 22 条、第 23 条の合計 10 条を律儀戒に属するものとみなしています。

これら 4 種の他勝処法と 44 種の違犯が三聚浄戒（律儀戒、摂善法戒、饒益有情戒）のどれに相当するかの解釈は、タクパ・ギェルツェン、ツォンカパ、グルチュ・ダルマバドラ、ボーディバドラの間で若干の相違があります。

⑦　受戒法

従他受の受戒法

この『戒品』では、従他受の受戒法は以下のように説かれています。

菩薩の三聚浄戒を学びたいと欲し、無上正等菩提を得んと誓願を立てた在家、あるいは出家の菩薩は、誓願を立てた同法の菩薩、受けた律儀に関する智があり、言葉の表す意味をとらえて理解するための力のある菩薩、そのような菩薩の両足をまず頂礼して、次のように懇願すべきです。

「善男子よ、私はあなたから、菩薩の所受戒律儀を受けることを願っています。いとわずに（不辭勞倦）、私に対するいつくしみの故に、ほんのわずかの間、どうぞ私の懇願をお聴きになってそれを与えて下さい」と。

そこで、その律儀を授ける能力のある菩薩（授者）は、その律儀を受けることを欲する菩薩（受者）に対して、菩薩律儀の勝れた利点を話し、その律儀を欲する人（受者）に学処の重・軽をも話して、受戒に対する熱望の気持ちを起こさせるべきです。

次のように話すべきです。

「善男子よ、あなたは聞きなさい。あなたは、かくの如く、未解脱の有情たちを救い、未解脱者たちを解脱させ、未だ安息せざる者たちを安息せしめ、未涅槃者たちを涅槃させて、仏種の断絶せざることを望みますか？　そのことに対してあなたは、発心を堅固にし、誓願を堅くすべきである」と。

そのように、知らない種姓を見た場合、受戒に対する熱望の気持ちをおこさせるために、話すべきです。

律儀を受けたいと欲する人（受者）

それから、その律儀を受けたいと欲する人（受者）は、そのように正しく懇願して偏袒右肩《へんだんうけん》をなしてから、過去・未来・現在の諸仏世尊と、大地《だいち》（第八不動地以上）に入りすぐれた智慧と威力を得て十方においでになる諸菩薩とを敬礼（能力に従って花・薫香等の供養と身体による礼拝をすること）して、そして彼らの徳を心で専念し、心からの浄心をおこし、あるいは、その人にある能力（発心して生じた現在の能力）と過去になした因の力に応じて、少しでも浄心をおこして、如来像（仏像）を面前に安置して向かい側に置いて、ひれ伏して膝こぶしを地につけるか、あるいは蹲跪して坐して、その律儀を授けることに関して智のある菩薩（授者）に、次のようにいうべきです。

「善男子よ（あるいは、友よ、大徳よ※）、菩薩の所受戒律儀を私に授けて下さい」と受者が言って、一境を専念して正に浄心を着実に増大させつつ、「今や、私は、久しからずして、無尽・無量・無上なる大功徳蔵を獲得するだろう」という正にそのことを思惟しつつ、沈黙しているべきです。

※授者が在家の同法者であれば、“善男子よ”と呼びかけられます。あるいは、出家者でも若い人であるならば、”友よ”と呼びかけられます。もし老齢の人であるなら”大徳よ”と呼びかけられます。出家者や老齢の授者からだけ戒を受けるとは限りません。

戒に関して智のある菩薩（授者）

また、その戒に関して智のある菩薩（授者）は、そのように言った菩薩（受者）に対して、立つか坐るかして、心が散乱せずに次のようにいうべきです。

菩薩の律儀では、受者の誓願を堅固ならしめるために、誓願を受者に尋ねるのです。

「かくかくの名（某甲《むこう》）の善男子（あるいは法弟）よ、聞きなさい。あなたは菩薩ですか？　菩提に対して願を立てましたか？」と問うべきです。

その受者は、「そうでございます」と答えるべきです。

また、そののち、授者は「かくかくの名の善男子よ、あなたは私から、菩薩の学処のすべてと菩薩戒のすべて（すなわち、律儀戒・摂善法戒・饒益有情戒）を受けますか。その菩薩の学処と戒は、過去の一切の菩薩にとって学処・戒に既になった、未来の一切の菩薩にとって学処・戒になるでしょう、今、十方における現在の一切の菩薩にとっての学処・戒であります。

そして、この学処・戒を、過去の一切の菩薩が既に学んだ、未来の一切の菩薩が学ぶでしょう、現在の一切の菩薩が学ぶのです。そのような菩薩の学処・戒を私から受けますか」というべきです。「三世（過去・現在・未来）の一切の菩薩の学処・戒を私から受けますか？」と問うのです。

第３回まで授者は尋ねて、答えさせる

彼（受者）は「私は受けます」と答えるべきです。

その戒に関して智のある菩薩（授者）は、そのように第２回、第３回と尋ねるべきです。尋ねられれば、その受ける菩薩（受者）も、３回まで答えるべきです。

そのように、その智のある菩薩（授者）はその受ける菩薩（受者）に、受けるところの菩薩の戒律儀を３回まで授けて、答えさせる。その受ける菩薩（受者）は立ち上がりません。

授者は正にその如来像（仏像）の面前で、十方においでになり存在している仏・菩薩たちすべての御両足を頂礼し敬礼・礼拝して、次のように申し上げるべきです。

「このかくかくの名の菩薩は、かくかくの名の菩薩たる私から、受けるべき菩薩の戒律儀を３回まで受けました。私がこのかくかくの名の菩薩が戒律儀を受けたことの証人たることを、十方の無辺・無際なる世界においでになる最高の聖者、すなわち我々には見えないけれども一切処において一切有情を見る事ができるところの覚（ブッディ）がおありになる者（つまり諸仏・諸菩薩）に、かくかくの名の私が、ここにおいて申し上げます」と。

以上のように、第２回、第３回まで授者はいうべきです。

授戒の利点

戒律儀を受ける作法が終わるやいなや、十方における無辺・無際なる世界においておいでになり存在している諸如来と大地に入った諸菩薩たちは、

「その菩薩が、受けるべき菩薩の戒律儀を既に受けた」

と考えるようになります。

そのような兆相（前兆）があらわれること、これが実に法性《ほっしょう》なのです。

そののち、その十方の諸如来と諸菩薩は、その菩薩を憶念するようになります。憶念しつつあるならば、智見がおこります。

十方の諸如来と諸菩薩は、その智見によって、かくかくの名の菩薩が、あのかくかくの世界において、かくかくの名の菩薩から、受けるべき菩薩の戒

律儀を正しく受けた、ということを、如実に了解します。

そして、十方の諸如来と諸菩薩のすべては善意をもって、その人（受者）を、諸仏の子供のように、諸菩薩の弟のように、憐愍なさいます。

そのように善意によって憐愍なさったその菩薩の諸の善法の、ますます増大し、退滅しないことが、期待されるべきです。

そして、その戒律儀を受けたことをお知り下さいといったことが、十方の諸仏・諸菩薩によって受け入れられた、と知るべきです。

授戒が終わった後の供養の方法

その受けるべき菩薩の戒律儀の作法が終わってから、その２種の菩薩（授者と受者）は、十方における無辺・無際の世界においでになるその諸仏・諸菩薩を敬礼し、その御両足を頂礼して、立ち去るべきです。

自誓受戒

『戒品』では、従他受と自誓受の２種の受戒法について述べられています。

自誓受戒は次のように説かれます。

この菩薩の律儀を正受することについても、もしもそれらの功徳をもった人が近くにいないならば、その場合には、菩薩は如来像（仏像）の御前において、自分で菩薩の戒律儀を受けるべきであって、更に次のようになすべきです。

すなわち、偏袒右肩《へんだんうけん》（袈裟をかけるのに、右肩をかたぬぎ、左肩のみおおう）して、御前で右膝著地《うしつじゃくち》か、あるいは蹲踞《そんきょ》して、次のようにいうべきです。

「我某甲は、十方の如来と大地《だいち》（第八不動地以上）に入った菩薩の一切に申し上げます。彼らの御前で、一切の菩薩学処と一切の菩薩戒―即ち律儀戒と摂善法戒と饒益有情戒であって、過去の一切の菩薩がそれらを既に学んだ、未来の一切の菩薩が学ぶであろう、十方における現在の一切の菩薩が今、学ぶところの―を、私は受けました」。

これを二度、三度いってのち、立ち去るべきです。その残りの一切は、前述の従他受法のとおりです。

⑧　発露懺悔法《ほっろさんげほう》

罪を告白してもとへ復帰する懺悔法

違犯となった場合、罪を告白してもとへ復帰する懺悔《さんげ》法は、次のとおりです。

正に最初から違犯が生じないために、尊敬を生ぜしめているべきです。たとえ違犯が生じた場合でも、如法の懺悔によって、違犯からもとへの復帰がなされるべきです。

菩薩のこれらの違犯のすべて（合計 44 条）は、菩薩の違犯には区別がないから悪作《おさ》（罪）※に包摂されると知るべきです。

※菩薩の罪は①他勝処法に属するものと②悪作（罪）に属するものとの２種です。

およそいかなる声聞乗の人や大乗の人に対してでも、その言葉の表示を理解し受け取ることができるであろう人に対して、違犯を懺悔すべきです。

もしも、菩薩が大品の纏《てん》（煩悩）によって他勝処法を犯したならば、彼は捨てた律儀を、再び受けるべきです。

もしも、中品の纏によって他勝処法を犯したならば、彼は３人もしくはそれ以上の人に対して、悪作《おさ》（罪）を告白懺悔すべきです。

現前にすわって、まず最初に犯した事柄を話して、

「友よ、憶念してください。かくの如き名前の私は、すでに述べたような事柄において、菩薩の律（ヴィナヤ）に違越した悪作罪におちいりました」と語るべきです。

その残りは、比丘が悪作を告白懺悔している如く、告白して語るべきです。

すなわち、懺悔告白を受ける人も、「それらを違犯と見ますか？」と尋ねるべきです。

懺悔をする人も「見ます」と答えるべきです。

「これから以後，律儀を守りますか」「よく律儀を守ります」と、そのように３回までいうべきです。

懺悔告白を受ける人がいない場合

小品の纏によって生じた他勝処法とそれ以外の違犯（44条）とは、一人の人の現前で告白懺悔されるべきです。

ある人の現前で懺悔すべき適正な人がいない場合、菩薩は心から「再び犯さない」という心をおこすべきであり、その後は律儀を受持すべきです。このようになすならば、その人はその違犯から離れて違犯を捨てた者となります。

高野山で行われる授戒会

高野山で行われる授戒会（初日は菩薩戒、二日目は求寂《ぐじゃく》戒（沙弥戒）、三日目は苾蒭《ひっしゅ》戒（比丘戒）が授けられる）において、写真正面に向かって、右から、「三聚浄戒波羅提木叉」「十方一切如来応正等正覚」「十方一切諸菩薩摩訶薩」「三国伝戒諸大祖師」と書かれた戒牌（標ともいう）が飾られます。

本尊として、三世仏と三千仏、すなわち釈迦如来と過去の千仏（中央）、薬師如来と現在の千仏（向かって右）、阿弥陀如来と未来の千仏（向かって左）の画像が掛けられます。

授戒会の際に正面に飾られる戒牌（高野山大学大菩提院戒道場）

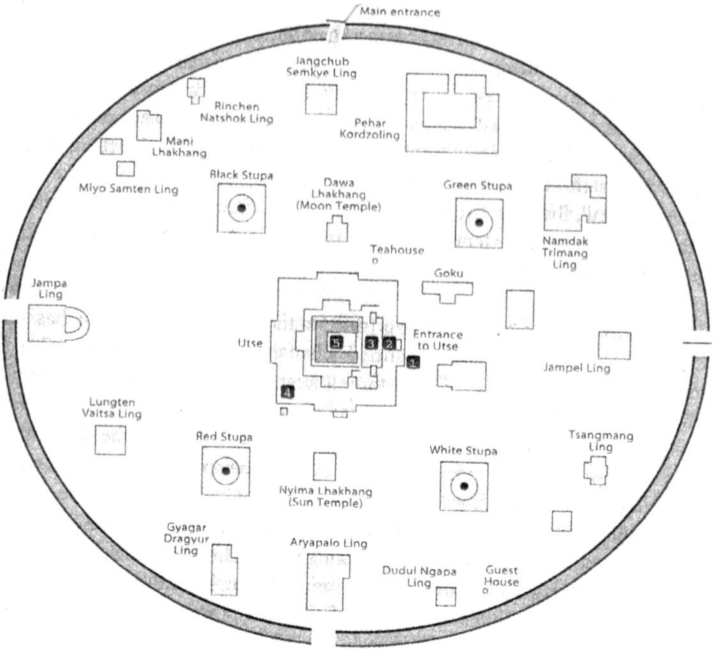

サムイエー僧院

（円形の壁に囲まれた中央に本殿ウツェ（Dbus rtse）、北に発菩提心院（Jangchub Semkye Ling）、東北に清浄戒院（Namdak Trimang Ling）がある）

Gyurme Dorje, Footprint Tibet Handbook with Bhutan, p. 173

サムイエー僧院は直径約300メートルの円形の壁に囲まれており、仏教の須弥山（Mt. Sumeru）世界観を象徴している。すなわち、中央の本殿Dbu rtseは須弥山を、東南西北にある4つの院は須弥山の周囲にある四大部洲（勝身洲、贍部洲、倶盧洲、瞿陀尼洲）を表している。

さらに八小洲を表す8つの小院や月殿、日殿、そして四維に白色（南東）、赤色（南西）、黒色（北西）、青色または緑色（北東）の4のチョルテン等があり、まさに立体曼陀羅を構成している。

シャーンタラクシタはサムイエー僧院の東北にある清浄戒院において具足戒（比丘戒）が授けられただけではなく、北にある発菩提心院においては大乗菩薩戒、すなわち瑜伽戒が授けられました。

④『律儀二十』の内容と注釈書等の特色

バングラデシュ国　ヴァジュラヨーギニー村の
アティーシャ生誕地に建つ石柱

①　『律儀二十』の内容

『律儀二十』『律儀二十註』『律儀二十難語釈』の内容

チャンドラゴーミン 著（約7世紀後半）『菩薩律儀二十』を第1偈から第20偈までの和訳を提示し、シャーンタラクシタ の『律儀二十註』と ボーディバドラ の『律儀二十難語釈』 の両書を参酌し、対比比較しながら、その内容を解説します。

この瑜伽行派の菩薩戒の特質（慈悲心にもとづく利他の思想を基底にもつ）を窺いつつ、あわせて『律儀二十註』と『律儀二十難語釈』の両書と『戒品』とのかかわり方の特色の一端を明らかにします。

『律儀二十』の第1偈から第8偈まで

『律儀二十』の第1偈から第8偈までの和訳を提示すると、次のとおりです。

【『律儀二十』の第1偈から第8偈までの和訳】

第1偈	仏（ブッダ）と仏子を、うやうやしく礼拝し、能力に従って供養する。すべての方角と三世《さんぜ》においでになる菩薩たちの規則を受けるべきです。

三世の仏・菩薩を浄信をもって礼拝し、財産、所有物に応じて供養します。十方と過去世・現在世・未来世の三世においでになる菩薩たちの規則を受けるべきです。

第2偈	すべての福徳の蔵たるこの規則を、律儀に安住して有智にして能力のある師（グル）から、受けるべきです。

すべての衆生を救護しようという意楽《いぎょう》、あるいは、仏・菩薩の徳にふれたいという意楽をもち、悲愍《ひみん》（あわれみ）と一体となった大浄信をもって、菩薩の戒律儀を具足した同法者にして、菩薩の戒律儀を授けることに関し善巧で適切な能力があり、尊敬されるべきよりどころである師から、菩薩の戒律儀を受けるべきです。

『律儀二十難語釈』では、「その受けた菩薩戒を、浄信のないもの、敵意をもつ者たちに公表すべきでありません。他の人から菩薩戒を受ける作法

（従他受法）について示されたように、『戒品』において、自誓受戒についても説かれました。授者として適切な人がいない場合は、如来像の御前で、受者自身で菩薩浄戒律儀を受けるべきです。しかし、悔除して違犯から回復する人と律儀を尊敬しないで受ける人たちには、自誓受戒は許されません」という趣意が説かれ、「この菩薩戒を具足するようになれば、清浄なる閑静に住します。その戒は、授けるべき師がいないときには、自分で受戒します」という摂頌をあげています。

第３偈	**その時、善のために、勝者（ジナ）とその御子息たちは、善意によって、いつでも、彼をかわいい息子の如く憶念するものとなる。**

受戒が終わったとき、かの受戒において善法が増大するために、十方の如来たちと大地《だいじ》（第八不動地以上）に入った菩薩たちは、善意によって、かの受者を、菩提に至るまで不断に、かわいい息子の如く、憶念します。

『律儀二十註』では、この第３偈を最勝の功徳について説いたものとして、『戒品』の文章をそのまま引用しています。

第４偈	**他の人たちと自分のどちらにとっても、たとえ苦であっても、未来において利益となるものと、利益《りやく》かつ安楽《あんらく》となるものがなされるべきだ。当座は安楽であっても、未来において無利益となるものはなされるべきでない。**

悲愍をもって、すべての大衆を救護せんと誓った菩薩は、他の人と自分とに対してかくの如く行うべきです。

『律儀二十註』では、菩薩のなされるべきこととなされるべきでないことが、この第４偈において要約して説かれたとして、各句を解説し、" 病人に対する苦い薬 " と " 毒のまざった粥 " の比喩を述べています。『戒品』からの引用はありません。

第５偈	**激しい上品の煩悩からなるものによって律儀《りつぎ》が消滅される４種の過失は、他勝処を意味している。**

『律儀二十註』では、律儀戒に住する菩薩にとって４種の他勝処法（波羅夷処法）があり、それを示さんがためにこの第５偈が説かれたとして、『戒品』の文章を援用しています。

菩薩が、この４種の他勝処法のうち１種でも上品の纏によって犯したならば、現世において広大な菩提資糧を積集する可能性もなく、意楽清浄になる可能性もありません。真実の菩薩ではなく、似て非なる菩薩となります。

因に波羅夷罪を犯した比丘には、現世において聖道《しょうどう》を得る可能性がなく、そしてその実修から生じた善法を得る可能性もありません。

小乗の比丘が波羅夷罪におちいれば、比丘ではなくなり、沙門《しゃもん》でもなくなり、仏子ではなくなり、現世において再び比丘になる資格、可能性はありません。

しかしながら、大乗の菩薩は、４種の他勝処法を上品の纏によって犯しても、律儀を捨てただけであり、現世において再び律儀を受けることができます。菩薩は、この４種の他勝処法を、小品・中品の纏《てん》（煩悩というまとわり）から犯しても、戒律儀を捨てることにはなりませんが、大品の纏によって犯すならば、戒律儀を捨てることになります。

その上品の纏とは、この４種の他勝処法が絶えず現行《げんぎょう》しても、慚愧《ざんき》を少しもせず、慚愧しないことを喜び、その現行を捨てないことを楽しみ、それを過失と見ないことです。

①無上正等菩提に対する誓願、菩提心をすてること、②他勝処法を上品の纏によって行うこと、この２種の因によって菩薩の戒律儀を捨てたようになります。

この２種の因によって戒律儀を捨てない限り、生を転じても (生まれかわっても)、その律儀は随順していて消滅しません。比丘の律儀のように一生涯限りではありません。

また、たとえ生を転じて失念してもその律儀が随順していますので、善知識に遇って記憶を回復するために再三、菩薩戒を受けるのは、新しく受けたことになりません。

『律儀二十難語釈』では、さらに『虚空蔵経』に説く潅頂刹帝利王の５種の根本罪をあげています。

第６偈	①衣食などの利得と尊敬とに執着・貪求することによって、自分をほめたたえ、他の人を誇る。 ②苦しみ依怙《えこ》なき者かつ法と財を求めてやって来た者に対して、りんしょくの故に、法と財とを有るにもかかわらず与えない。

第７偈	③他の人が懺悔しても聞きいれず、怒って他の人を打ち傷つけあなどる。 ④大乗（すなわち菩薩の経論など）を捨てて、正法に似たもの（似て非なる大乗の法）を教示する。

この４種の他勝処法は第６、７偈において説かれたのです。

『律儀二十註』は、『戒品』の他勝処法４ヵ条をそのまま援引しています。

『律儀二十難語釈』は、他勝処法の第１条を犯せば律儀戒「現在の利得と恭敬とに執着しないこと」に違背し、第２条を犯せば摂善法戒と饒益有情戒の「布施波羅蜜を行うこと」に違背し、第３条を犯せば律儀戒と摂善法戒の「他の人による違犯を許すこと」に違背し、第４条を犯せば摂善法戒に含まれる「清浄戒の悪見を捨てること」に違背するとし、たとえ犯しても違犯とならない付帯条件をも説いています。

４種の他勝処法と三聚浄戒との関連性を説いています。

因に、声聞（つまり小乗）の波羅夷罪は、①淫欲を貪る、②他人の財物を盗む、③人を殺す、④まだ得ていない証果を得たと偽っていう、この４種の重罪であり、これらを犯せば僧伽から永久に追放されます。

第８偈	大品の纒によって犯した場合は、律儀を再び受けるべきだ。中品の漏《ろ》による違犯は３人に懺悔し、１人の前でも残余のもの（小品の漏による違犯）と染汚・非染汚の違犯とは懺悔し、もし如法の人がいない場合には自分自身の心においてする如く、懺悔する。

大品の纒（煩悩というまとわり）によって他勝処法を犯して菩薩の律儀が捨てられた場合、律儀を再び受けるべきです。中品の漏によって他勝処法を犯した場合は、３人に対して懺悔告白すべきです。小品の漏による他勝処法の違背と染・非染の違犯とは１人の前で懺悔し、もしも適切な人がいなければ自分の心において懺悔し"以後再び犯さない"という心をおこすべきです。

小乗の比丘は波羅夷罪に陥れば別解脱律儀を捨てたことになり、再び別解脱律儀を受ける福分がありません。僧伽から永久に追放されます。

しかし大乗の菩薩は他勝処法を一度犯しても大品の纒によって犯さない限り菩薩の浄戒律儀を捨てたことにならず、たとえそれを捨てた場合でも現世において再び受ける福分があります。

『律儀二十註』は、『戒品』に説かれた「菩薩の律儀を受ける儀軌」（従他受法）に従って律儀を再び受けるべきだとし、菩薩の浄戒律儀を授けるだけの功徳をもった人がいない場合の受戒法、すなわち自誓受戒法を説く『戒品』の個所を援引して第８偈ａを解説しています。

また、第８偈ｂに対して、『律儀二十註』は、中品の纏によって他勝処法を犯せば、よく言葉を理解し説明できる、声聞乗あるいは菩薩乗の３人または３人以上に対して発露懺悔すべきだとしています。

そして『戒品』の文、すなわち「現前に座って、まず最初に犯した事柄を話す。'長老よ、憶念してください。かくの如き名前の私は、告げたような事柄において、菩薩の律（ヴィナヤ）に違越した悪作罪（突吉羅罪）を犯しました'と話す」を援引し、自ら懺悔告白して隠さず、発露懺悔することによって安楽に住するようになり、「汝はこれらを違犯と見ましたか」と問われれば、「見ました」と答え、「これから以後、律儀を持して守りますか」と問われれば、「如法に、如律に、非常によく敬い受持しましょう」と答えるべきで、そのように３度まで問い、そして答えるべきだ、と解説しています。

小品の纏によって他勝処法を犯した過失と、染汚・非染汚の違犯（44カ条）、すなわち後述する第９偈ａから第20偈ｂまでの違犯とは、１人の人の現前で懺悔すべきです。適正な人がいなければ自分の心において「再び犯さない」という心をおこして、以後律儀を受持すべきです。

懺悔すべき適正な人がいなければ、中品の漏によって他勝処法を犯した場合も、自分の心において"再び犯さない"という心をおこし、その後に律儀を受持すべきです。

『律儀二十註』は、菩薩の律儀において罪は２種、①他勝処法に属するものと②悪作法に属するものだけがあるが、比丘の律儀には５種の罪（五篇）、すなわち、①波羅夷罪、②僧残罪、③波逸提罪、④波羅提提舎尼罪、⑤突吉羅罪（悪作罪）があると説いています。

『律儀二十』の第９偈から第20偈まで

第９偈ａから第20偈ｂまでは染汚と非染汚との違犯に関する44条の項目が説かれます。

『律儀二十難語釈』は、偈頌の各句を１項目とみなし合計46条と数えますが、『律儀二十註』は、第９偈 c，d を第３条、第 11 偈 a，b を第８条とみなして、合計 44 条と数えます (ちなみに条数の数え方は、これ以外に 43 条と数えるものもある）。

『律儀二十難語釈』は、この染汚・非染汚の違犯について、貪欲《とんよく》、いきどおり、いかり、ねたみ、慢心、不浄信、不尊敬などの染汚心によって犯された罪は染汚の違犯であり、怠惰、怠慢、放逸、忘失などによって犯された罪は非染汚の違犯ですが、第１条の“三宝供養”を怠惰、怠慢、放逸、忘失等によってなさない場合だけは染汚の違犯となると述べて、摂頌をあげています。

さらに、『律儀二十難語釈』は、第９条（cf. 第 11 偈 c）、第 17 条（cf. 第 13 偈 c）、第 18 条（cf. 第 13 偈 d）、第 28 条（cf. 第 16 偈 b）以外において、これらの各条を犯せば三聚浄戒（律儀戒、摂善法戒、饒益有情戒）のうちのどれに違背したことになるかについて述べています。

【『律儀二十』の第９偈から第 20 偈までの和訳】

第９偈a	（第１条）仏・法・僧の三宝を身・語・意の三でもって供養しない。

『律儀二十難語釈』は、これは摂善法戒の " 随時、広大な一切種（財供養と正行供養）によって三宝を供養すること " に違背する、と述べています。

菩薩は、①仏世尊の ストウ―パ（仏塔)・御像、②勝義法・菩薩蔵の経典、③十方にある不退転の菩薩衆の僧伽を、財物に応じて花などで供養すべきです。

最低限、［身業］身体によって一回の礼拝だけをもなさず、［口業］言葉によって三宝の功徳に関する四句一偈だけをも誦さず、［意業］心によって三宝の功徳を随念することにもとづく一浄信だけでもなさないで、怠慢に一日中すごすならば染汚の違犯となります。

もし尊敬せず、怠慢・懈怠からそのような供養をなさないならば、染汚の違犯となります。以下の第９偈 b から第 20 偈 b までにおいては、怠慢・懈怠から犯すならば、非染汚の違犯となるが、この第１条（cf. 第９偈 a）を犯せば、染汚の違犯となります。

失念から供養をなさないならば非染汚の違犯となります。心が狂乱した場合には供養をなさなくても違犯となりません。浄勝意楽地（初地に相当）に入った菩薩は、自然に三宝の供養を常にしていますから、なさなくても違犯にはなりません。

第９偈b	（第２条）欲望の心のままに行動する。

欲望の心を捨てず利得と恭敬を切望し、未だ得ないものに執着することは、律儀戒の " 利得と恭敬を貪求せず、少欲知足なること " に違背する 、と『律儀二十難語釈』は解説しています。

欲望の心は本性上染汚ですので、この条項においては、染汚の違犯はあるが、非染汚の違犯は存在しません。

その心を捨てたいと欲しても、強い煩悩によって打ちまかされて、何度もその心が現行する場合には無違犯です。

第９偈 c，d	（第３条）年をとった人たちに対して尊敬せず、安否などを尋ねてきた人に対して返答しない。

有徳にして尊敬に値する同法者に対して、尊敬せず、立ち上がって出迎え座を与えることをなしません。親しく談話をし、挨拶をして、安否などを尋ねてくる人に対して、話をしかけず、挨拶をかえそうとせず、言葉で適正な返答をなしません。

『律儀二十難語釈』は次のように解説する。非常に年老いた老人を尊敬しないことは、律儀戒で防止された行為に違背します。慢心や怒り等によって尊敬等をなさないならば、染汚の違犯となり、怠惰などによるならば非染汚の違犯となります。

もしも重病、無力、心散乱の場合には尊敬等をなさなくても無違犯です。

親しく話をしかけてくる人等に対して適正な返答をしないことは、饒益有情戒の " 他の人の心を護ること " に違背します。

第10偈a	（第４条）他の人によるもてなし（招待）を受けいれず、拒否する。

これは饒益有情戒に違背すると『律儀二十難語釈』は説いています。

慢心に圧倒されておらず、嫌恨（うらみ）や怒りの心をもたず、怠慢・懈怠の故に招待を受けても行かないならば、非染汚の違犯となります。

第10偈b	（第５条）与えられた金銀、マニ、真珠などの財物を受け取らない。

『律儀二十難語釈』は、これは饒益有情戒の " 福徳の助けに行くこと " に違背する、と述べています

第10偈c	（第６条）法を求める者に法を与えない。

これは摂善法戒と饒益有情戒の " 布施波羅蜜 " に違背し、この場合の無違犯は波羅夷処法第二（cf. 第６偈 c,d）を犯しても違犯とならない場合と同じだ、と『律儀二十難語釈』は述べています。

第10偈d	（第７条）戒を犯した者たちを捨てて顧みず利益・安楽に住せしめない。

これは律儀戒の " 柔和 " に違背する、と『律儀二十難語釈』は説いています。

第11偈 a、b	（第８条）他の人を浄信させるために制定され声聞等の所学を学ばず、有情利益に関して少事業、活動が少ない。

他の人たちを浄信させるために声聞等の所学を学ばないことは、摂善法戒の " 波羅蜜〟に違背する、と『律儀二十難語釈』は述べています。

出家の菩薩は、浄信のない人に浄信をもたせ、既に浄信のある人の浄信を更に増加させるために、自利に関して、別解脱律において世尊により制定された声聞の遮罪を犯さず、声聞の学処を等しく学ぶべきです。

しかし、利他に関しては、少事(目的が少なく控えめであること)・少業（なすべき事が少ないこと)・少希望住（少ない関心に住すること）なる声聞の学処をぶべきではありません。

利他に関する少業は、饒益有情戒に違背します。自利に関しては、声聞乗を容認するのです。

菩薩は利他のために、親戚ではないバラモンや長者、居士、その妻たちから、衣服などを求めて手に入れるべきです。

因に、比丘にとってこれは衣類等の不正な所有を禁じた捨堕法に抵触することになります（三十捨堕法のうち取非親尼衣戒や従非親乞戒などを犯すことになります）。

第11偈 c	（第９条）憐愍をもっているならば、殺生、偸盗、非梵行、妄語、離間語、麁語、綺語の如き性罪の行為を善巧方便としておこなっても不善ではない。

違犯とはならず、多くの福徳が増加するようになります。

この殺生や非梵行は在家の菩薩だけに容認されます。

『律儀二十難語釈』は、貪欲（ラーガ）を許容し、瞋恚によって生じた過犯は捨てるべきですが、有情に対する貪欲による過犯はそうではなく、菩薩の有情に対する貪欲は愛憐（慈愛）であり、愛愍(あわれみの気持ち）をともなっている、ということの権証として〈大乗荘厳経論〉随修品の第20、21、22偈を援引しています。

第11偈d	（第10条）邪な生活（邪命法)を楽しみ捨てない。

邪命法とは、矯詐（わるだくみ)、虚談（偽って話す)、現相（表面をいつわる)、方便研求（他の人に強いて求める）、以利求利（利得をもって利得を求める）です。

これは、律儀戒の"浄命（きよい生活)"　に違背すると『律儀二十難語釈』はみなしています。

第12偈a	（第11条）心が躁いで動揺し、軽躁である不寂静なる心をもって、たわむれかまびすしい声を出すこと等。

これは律儀戒の"掉擧（心が騒いで落ち着かないこと）でないこと"に違背する、と『律儀二十難語釈』は述べています。

第12偈b	（第12条）もっぱら一途に輪廻《りんね》にいくことを考える。

これは律儀戒の"全く（心が煩悩・随煩悩から）離れて住することを楽しむこと"に違背する、と『律儀二十難語釈』は解説する。

菩薩は声聞よりも百倍も心が煩悩・随煩悩から全く離れて住し涅槃《ねはん》を愛楽すべきである。『律儀二十難語釈』は『大乗荘厳経論』発心品第21偈"頭において有情という大重荷を運ぶ最勝有情〔＝菩薩〕には、緩慢な行為は適しません。種々なる自分・他人という束縛にしばられていて、声聞の100倍の精進努力をなさなければならない"という懈怠を非難する偈頌を引用しています。

第12偈ｃ	（第13条）自分の信用を失う言葉となるところの悪い評判（悪評）を取得して捨てない。

これは摂善法戒の"正念正知正行"と、"自分の誤りを確実に見て、確実に見てから捨てること"に違背する、と『律儀二十難語釈』は説いています。

第12偈d	（第14条）煩悩を有する者をきびしく、かつ、愛情あるやり方によっても、改め直させず、過犯を顕現させる。

正理によって教示せず、訶責しないならば、饒益有情戒の"５種の教誡によって、尊敬しなくなって迷乱せる者を、利益せんと考えて、再三、訶責し、憶念せしめること"に違背する、と『律儀二十難語釈』は説いています。

第13偈a	（第15条）罵られれば、逆に罵りかえすこと等。怒られ、打たれ、非難されれば、それぞれの仕返しをする。

これは律儀戒と摂善法戒によって〝利他を求めること"に違背する、と『律儀二十難語釈』は述べています。

第13偈b	（第16条）怒った人たちを捨ててかえりみない。

行って許しを請わず懺悔せず、憤慨して軽蔑するならば、染汚の違犯となります。

これは摂善法戒の"破戒の因となる煩悩・随煩悩を楽しまず捨てること"に違背する、と『律儀二十難語釈』は解説しています。

第13偈ｃ	（第17条）他の人による悔謝を、捨てて受け容れない。

気にいらないが故に、他の人による懺悔を受け容れないことは、罪となります。

その方便によって相手を調伏せんと欲する場合、もしも相手が外道であり、本性上喧嘩ずきの者であり、如法ではなく非時に懺悔する場合があるとすれば、その場合には、相手の懺悔を聞きいれなくても違犯とはなりません。

第13偈ｄ	（第18条）他の人に対する忿（いきどおり）の心のままに行動する。

第14偈a	（第19条）（自分に)仕えられることを欲するが故に、愛染心をもって大衆を教え導く。

これは、饒益有情戒の " 如法に大衆を摂受すること " に違背すると、『律儀二十難語釈』は説いています。

第14偈b	（第20条）怠惰など怠慢、睡眠、臥床、倚臥の安楽を、不適当なときに、その量をわきまえず、獲得して耽り除去しない。

これは、摂善法戒の "（精進）波羅蜜 " に違背する、と『律儀二十難語釈』は説いています。

第14偈ｃ	（第21条）染汚（心）をもって無意味な話に夢中になる。

無価値な世事の談話をして時を過ごすことは、律儀戒の " 世事の雑踏の中にいても、悪い話を楽しまないこと " に違背する、と『律儀二十難語釈』は説いています。

第14偈d	（第22条）三昧（サマーディ）のために、善友の教え導きを請い求めない。

これは、律儀戒の " 三昧を引き出すことに努めること " に違背する、と『律儀二十難語釈』 は説いています。

第15偈a	（第23条）静慮《じょうりょ》（禅定、ディヤーナ）の障害となる五蓋《ごがい》すなわち貪欲、瞋恚、昏沈睡眠、掉挙悪作、疑に耽溺してそれを捨てない。

これは律儀戒の " 悪い尋《じん》（対立的な分別思惟）をおこさないこと " と、摂善法戒の " 等至《とうじ》（サマーパッティ）の煩悩を楽しまないこと " とに違背する、と『律儀二十難語釈』は説いています。

第15偈b	（第24条）静慮（ディヤーナ)によって得られる安楽（心のやすらぎ)を味わい、それを功徳とみる。

これは、摂善法戒の〝等至を味わい楽しまないこと " に違背する、と『律儀二十難語釈』は解説しています。

第15偈ｃ	（第25条）声聞乗を、声聞乗に相応する法を聞き学び受持する必要がないといって捨てさせる。

これは、摂善法戒に含まれる清浄戒の " 悪見を捨てること " に違背する 、と『律儀二十難語釈』は説いています。

菩薩は仏語《ぶつご》（仏のことば）のみならず、外道の論、声聞乗の法をも学ぶべきです。

第15偈 d	（第26条）菩薩は自分の大乗の理趣（すなわち菩薩蔵）があるにもかかわらず、菩薩蔵ではなくて声聞蔵の修学に励む。

これは摂善法戒の"聞《もん》・思《し》に努めること"に違背する、と『律儀二十難語釈』は説いています。

第16偈a	（第27条）仏の教言があるのにこれを修学せず、世俗の経典や外道の論の修学に努める。

これも、摂善法戒の"聞・思に努めること"に違背する、と『律儀二十難語釈』は解説しています。

第16偈b	（第28条）世俗の経典や外道《げどう》の論を修学しても、苦い薬に親近する如くになさず、それ（すなわち世俗の経典や外道の論）を楽しみ喜ぶ。

第16偈 c	（第29条）大乗の菩薩蔵を謗り捨てる。

これは、摂善法戒の"聞・思に努めること"と、"悪見を捨てること"とに違背する、と『律儀二十難語釈』は説いています。

菩薩蔵において、真実義や仏・菩薩の威力に関する最勝・甚深なる事柄を聞いた場合に、それを信解せず謗るならば、染汚の違犯となります。

第16偈d	（第30条）自分をほめたたえ、他の人を謗る。

これは、摂善法戒の"破戒の因たる煩悩・随煩悩を楽しまずに捨てること"に違背する、と『律儀二十難語釈』は説いています。

慢心によって、自分に対する執着と他人に対する怒りによる軽蔑と罵りとをもって、自分をほめたたえ、他の人を謗るならば、染汚の違犯となります。

第17偈a	（第31条）説法などを聞くために行かない。

これは、摂善法戒の"聴聞に努めること"に違背する、と『律儀二十難語釈』は解説しています。

説法と正法の論議決択《ろんぎけっちゃく》の場合に、慢心と悪意とによって、聴聞にいかないならば、染汚の違犯となります。

第17偈b	（第32条）説法する上師を謗り軽蔑して尊敬せず、その説法の意味をではなくてその文字をよりどころとする。

これは、摂善法戒の"師を尊敬すること"に違背すると『律儀二十難語釈』は解説しています。

第17偈 c	（第33条）他の有情のために必要な援助に行かない。

これは、饒益有情戒の"有情利益をなすために助けをすること"に違背すると『律儀二十難語釈』は解説しています。

有情のためになすべきこと、すなわち、なすべきことをなしとげること、道の往来、正しい世俗言説と活動、財産の守護、仲違いした者を和解させること、祭宴、福徳をなす行い（福業）、このようなことの援助に行かず、請われても助けに行かないならば、染汚の違犯となります。

第17偈 d	（第34条）病人に対する看病・奉仕を捨てる。

これは、病人に対して、うやまって仕えず、世話をしないことは、饒益有情戒の"病人に仕えること"に違背すると『律儀二十難語釈』は述べています。

第18偈a	（第35条）苦しんでいる人の苦しみを除去しようとしない。

これは、饒益有情戒の"他の人の苦を除去すること"に違背すると『律儀二十難語釈』は解説しています。

苦しんでいる人を見た場合、助けようとせず、捨てて顧みず、きらって背中を向けてしまうならば、染汚の違犯となります。

第18偈b	（第36条）放逸なる者（今生の事柄のみに捉われ、それ以外のことを顧みないでいる者）に正理を教示しない。

これは、饒益有情戒の"正理を教示すること"に違背すると『律儀二十難語釈』は述べています。

現在世と未来世のために非如理を行っている放逸なる者たちを見た場合、悪意と怒りの心とを懐いて如理の教授を示さないならば、染汚の違犯となります。

第18偈 c	（第37条）説法などを聞くために行かない。

これは、饒益有情戒の " 知恩を守ること " に違背すると『律儀二十難語釈』は説いています。

自分が受けた恩恵に対して恩返しをせず、恩ある人に対して恩を感じず、適正な恩返しをしないならば、染汚の違犯となります。

第18偈d	（第38条）他の人の親戚や財産に関する憂いを消滅させず除去しない。

これは、饒益有情戒の " 憂いを取り除くこと " に違背すると『律儀二十難語釈』は解説しています。

第19偈a	（第39条）食物や衣服をはじめとする資具や財物を欲して求める人にそれらを与えない。

これは、饒益有情戒の " 利益を与えること " に違背し、この場合の無違犯は他勝処法第二（cf. 第６偈 c、d）を犯しても違犯とならない場合と同じだ、と『律儀二十難語釈』は説いています。

第19偈b	（第40条）大衆のために利益《りやく》をなさない。

これは、饒益有情戒の " 法と財をもちいて摂受すべきこと " に違背する、と『律儀二十難語釈』は説いています。

菩薩は大衆を受け入れ教え導く場合に、悪意を懐いて、如法に、随時、正しく教授・教誡をなさず、また貧しい人々のために衣服、食物などの財を求めず、彼らのために利益をなさないならば、染汚の違犯となります。

第19偈c	（第41条）他の人の心にそった行動をとらない。

これは、饒益有情戒の " 他人の心に随って転じること " に違背すると『律儀二十難語釈』は解説しています。

第19偈d	（第42条）他の人たちに、真実の戒・聞・捨施等に関する真実の功徳・讃歎をいわない。

これは、饒益有情戒の " 功徳の称讃をいうこと " に違背すると『律儀二十難語釈』は解説しています。

第20偈a	（第43条）縁に応じて（状況の許す限り）適正に弾訶《だんか》しない。

これは、饒益有情戒の " 弾訶《だんか》の所作 " に違背すると『律儀二十難語釈』は解説しています。

過犯、違越を具する人々を、縁に応じて適正に弾訶せず、訶責・処罰・追放に値する有情を、それぞれ、訶責・処罰・追放しないならば、染汚の違犯となります。

第20偈ｂ	（第44条）必要な時に神通で脅かすこと等をなさない。

これは、饒益有情戒の " 脅かすこと等の所作 " に違背すると『律儀二十難語釈』は解説しています。

多種の神通、変現《へんげん》、威力《いりき》をもっている菩薩が、それらによって、恐れさせられるにふさわしい有情たちを恐れさせず、引摂《いんじょう》されるにふさわしい有情たちを引摂しません。

仏教の教説を嫌悪する者たちの信施（三宝にささげる布施）を捨てさせるために、神通によって恐れさせず、引摂しないならば、染汚の違犯となります。

以上の第９偈 a から第 20 偈 b に至るまでは 44 条の違犯の区別が説かれました。

違犯とならないのはどういう場合かということ

次の第 20 偈 c、d において、違犯とならないのはどういう場合かということについて説かれています。

第20偈 c、d	悲愍をもち、有情を愛憐することにより、及び、善なる心でなす場合には、無違犯である。

有情を利益し、化度《けたく》せんと欲して為すならば違犯となりません。

心が散乱し、きびしい苦の感受によって圧迫され、捨てたいと欲しても強い煩悩の纒によって捨てきれない等のために、違背しても、無違犯です。
しかし、執着、怒り、憎しみ、ねたみ、慢心、傲り等のために違背するならば違犯となります。

この菩薩の浄戒律儀を学ぶことに努める菩薩は、３種の円満、すなわち①実修の円満、②意楽の円満、③宿因の円満を具足して、安楽に住すのです。

①実修の円満とは、戒を破らず、身・語・意による現行が清浄であり、過失をしばしば行わず、悪を発露告白することです。

②意楽の円満とは、菩薩は法のために出家するが、生活のために出家はせず、大菩提と沙門と涅槃を求めて懈怠せず、精進が劣っていず、雑染《ぞうぜん》・後有《ごう》・熱病・苦異熟・未来における生老死の悪不善なる諸法にまざっていないことです。

③宿因の円満とは、前世において福徳と善とをなしたので、現世において衣服や食物などの資具を欠くことなく、他人に与えることができることです。

この菩薩の浄戒律儀を学ぶことに努める菩薩は、この３種を具足して安楽に住する、という趣意の『戒品』の文章を、『律儀二十難語釈』が援引してその解説を終わっています。

シャーンタラクシタ像（サムイエー大僧院内、中村菊之進氏撮影）

②　2注釈書の特色

『律儀二十註』と『律儀二十難語釈』

『戒品』所説の菩薩戒(すなわち瑜伽戒)を授ける菩薩(Mkhan po Bodhisattva)たるシャーンタラクシタが著した『律儀二十註』は、まず最初に「第1偈と第2偈によって菩薩の律儀を受ける方法が示されました。なぜなら『菩薩地』において次のように説かれているからだ」といって、『戒品』の授戒作法、授戒者として適正でない人、菩薩の戒律儀《かいりつぎ》が声聞の別解脱律《べつげだつりつ》儀《ぎ》よりもすぐれていることを説く個所を『戒品』からそのまま引用しています。

これに対してボーディバドラ 著『律儀二十難語釈』は、第1偈の各句を順次解説したのち、“福徳の蔵となったもの”（第2偈 a）すなわち菩薩戒は9種であり、これを師（グル、ラマ）から正受すべきだとして、『戒品』所説の菩薩戒律儀の9項目、すなわち①自性戒、②一切戒において説かれた三聚浄戒、③難行戒、④一切門戒、⑤善士戒、⑥一切種戒、⑦遂求戒、⑧此世他世楽戒、⑨清浄戒の各々について、『戒品』の文章を順次援用し、註釈を加えています。

この引用が、シャーンタラクシタ著『律儀二十註』の引用の仕方と異なる大きな特色です。

『律儀二十註』には、『戒品』の①自性戒、③難行戒～⑨清浄戒からの引用が全くありません。さらに②一切戒について説く部分のうち、三聚浄戒（律儀戒、摂善法戒、饒益有情戒）についての解説部分からの引用もありません。

つまり②一切戒のうち、受戒作法、受戒の功徳、戒を護持する一般的な方法、懺悔法、自誓受戒法、4条の他勝処法、44条の違犯、無違犯に関する状態についての個所からの、ほぼそのままの引用がみられます。

『律儀二十註』は、②一切戒について説く『菩薩地・戒品』本文の部分のうち、前半の三聚浄戒（律儀戒、摂善法戒、饒益有情戒）を説く個所からの引用はなく、三聚浄戒については解説していません。

『律儀二十註』は、「菩薩戒本」「菩薩戒羯磨《こんま》文」に相当

特に次の4点の特徴がシャーンタラクシタ自身の解説に見られます。

⑴ 『律儀二十』の第4偈（菩薩のなすに相応しいことと相応しくないこと）に関しては、『戒品』本文を引用することなく、シャーンタラクシタ自身の言葉で解説しています。

⑵ 『律儀二十』第5偈について、大品の纏（煩悩というまとい）によって他勝処法を犯す場合は菩薩律儀を捨てたようになることに関連して、菩提心を捨てるならば同じく菩薩律儀を捨てたようになることを強調しています。

⑶ 『律儀二十』第8偈に関しては、戒を犯した場合の回復の方法（再受、懺悔、自誓受など）を『戒品』本文を引用しながら、シャーンタラクシタ自身が説明を加えています。

⑷ 44種の違犯に関しては、『律儀二十』第9偈bののち、比丘の律儀とは異なり、菩薩の律儀には違犯は2種類（他勝処法に属するものと悪作法に属するもの）であることを述べています。

また、『律儀二十』第11偈a、bに対しては、比丘に衣服等の不正所得を禁じた捨堕法は、声聞の律儀と菩薩の律儀の両方を保持する者にとっては、利他を捨てて自利に専心することである、とシャーンタラクシタが解説しています。

したがって、『律儀二十註』は、いわば『菩薩地・戒品』にもとづいた「菩薩戒本」と「菩薩戒羯磨文」のようなものに相当するのです。

『律儀二十難語釈』は、『戒品』全体から適宜引用しつつ解説

これに対して、ボーディバドラ 著『律儀二十難語釈』は、『戒品』全体から、ある場合にはそのまま、ある場合にはその趣意を、適宜引用しつつ解説しています。

つまり『律儀二十難語釈』は『菩薩律儀二十』を、『戒品』全体の内容を要約して偈頌の形にまとめたものと見做しています。

『律儀二十難語釈』の9項目（①自性戒～⑨清浄戒）に関する解説部分のうちの、②一切戒について説く個所において、一昼夜受持する八支の近住《ごんじゅう》斎

戒を、律儀戒、すなわち七衆の別解脱律儀に加えない理由が説かれています。

なぜならば、一昼夜の八斎戒の受持は、難行（行いがたいこと）と離欲（貪欲から離れること）とではなく、長時間における継続ではないからです。

別解脱律儀は菩薩の律儀の支分、一部分です。殺生等を止める別解脱律儀を具足することによって、菩薩の律儀を受ける器となるとします。

また、三聚浄戒のうちの饒益有情戒—11 項からなる—の 1 項目"正しいよりどころを与え、如法に大衆を摂受する"について説く所において、『律儀二十難語釈』）は、"時々、適切な八種の教授（教え導き）を与え、5 種の教誡（教えいましめること）を正しく教示すること"を述べています。そしてその教授と教誡とについては、『菩薩地』の第八章力種姓品を抄出してあげています。

『律儀二十難語釈』は、この 9 項目において説かれた戒（すなわち菩薩の戒律儀）を学ぶことによって得る功徳 5 種については『戒品』の文を援用してのち、初発心を有する菩薩は長い間に、万が一、悪趣《あくしゅ》におちいっても、①直ちに解脱する、②その悪趣においても、他の有情たちの如くではなくして、少しの苦だけを感受する、③厭倦《えんけん》（倦怠）の心を持つようになる、④先にその悪趣に生まれた有情たちを、能力に応じて、善法に成熟せしめる、と述べています。

そして特に『大乗荘厳経論』の種姓品の第 8 頌たる菩薩の種姓における 4 種の功徳についての偈頌を援用しています。

さらに利他につとめる菩薩にとっては、声聞や独覚と異なり、悪趣に生まれても苦しくないとして、『大乗荘厳経論』随修品第 14、15 偈を引用しています。

また、『律儀二十難語釈』は、受戒作法を説いてのち、「〔戒を受ける受者は〕礼拝して請願する。そして誓願《せいがん》を捨てずに取得すべきであり、悪を告白して、三帰依をなす。そして菩提心をおこし、その善を廻向する。戒を授ける授者は仏と仏子たちに対して敬意を表して、受者が戒律儀を受けたことをお知らせ申し上げる」という摂頌を説いています。

このように『律儀二十難語釈』は、第 2 偈 a の菩薩の戒律儀、すなわち三聚浄戒について、上述の如き『大乗荘厳経論』、『菩薩地』の第八章力種姓品、それに『戒品』を援用し、さらに要約した偈頌をもあげ、約 10 葉にわたって特説しているのです。

サキヤ・パンディタ

サキヤ・パンディタは、カシュミール出身のシャーキャシュリーバドラ（1127/1145-1225）に師事して、戒律、教理、実践の面において多くを学び、教養を集大成した顕蜜兼修の人である。

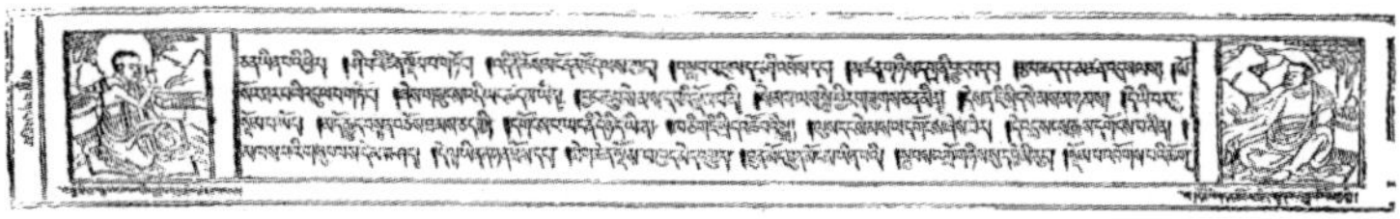

サキャ・パンディタの『三律儀細別』（『サキャ派全書』Vol. 5, No. 4）

小乗戒、大乗戒、密教の戒に関する解説書であり、戒律や教理、実践の視点から小乗、大乗、密教の相互関係が論じられた。これ以降、チベットのサキャ派ではこれに対する多くの注釈書が作成された。

③　小乗・大乗・密教の戒の特色

アティーシャの小乗・大乗・密教の戒の特色

小乗の別解脱律儀、大乗の菩薩律儀と密教の真言律儀の３者の特質を、チベットのプトン（1290-1364）は自分の書翰のなかで、アティーシャ著とされる『一切三摩耶集』（東北目録No.3725、大谷目録No.4547）を引用して述べ、利他、菩提心の視点から真言律儀を主体的に修すべきであるとしています。

そこで、小乗、大乗、密教の３者の戒に関する特徴や相異を理解するには有益ですので、アティーシャ（またはアティシャ、982-1054）の『一切三摩耶集』について、ここで紹介しましょう。

アティーシャは小乗、大乗、密教の戒の特色を次のように述べています。

別解脱律儀の特色

アティーシャは小乗の別解脱律儀の特色を表のように述べています。

【別解脱律儀の特色】

①	善・不善の行為を主として説く。
②	涅槃をもとめる堅固な意楽から生じる。
③	身三・口四の七不善を断除する。
④	この律儀は二の罪（すなわち遮罪・性罪）を説く。
⑤	別解脱律儀は実体（苦や輪廻の生存から解脱させるもの）を本性とするものとしてあると立てる。
⑥	多くの遮法《しゃほう》がある。
⑦	波羅夷罪を犯せばこの別解脱律儀を後で再び受けることができない。
⑧	受戒には規範師（戒和尚）と阿闍梨（すなわち教授阿闍梨と羯磨阿闍梨）が必要である。
⑨	他を加害しない。
⑩	阿羅漢《あらかん》に随学する。
⑪	自分だけのためである。
⑫	尽形寿（一生涯のかぎり）別解脱律儀を受持する。
⑬	この律儀の果は二の涅槃（すなわち有余依涅槃と無余依涅槃）である。

菩薩律儀の特色

大乗の菩薩律儀の特色は、表のとおりです。

【菩薩律儀の特色】

①	善・不善の行為ではなく、一切の有情に対する悲愍《ひみん》（あわれみ）にもとづいた行為を主として説く。
②	涅槃を求める堅固な意楽ではなく、一切の有情を利益・安楽しようという善い増上意楽《ぞうじょういぎょう》から生ずる。
③	身三・口四の七の不善なる行為ではなくて、身三・口四・意三の十の不善なる行為を断除する。
④	憐愍の心を持って善巧方便によって、殺生・偸盗・非梵行・妄語・離間語・麁語・綺語のような性罪《しょうざい》（本性上の罪）を犯しても違犯とはならないと説く
⑤	実体（苦や輪廻の生存から解脱させるもの）を本性とするものとしてあると立てるのではなく、ただ観察し調べられるべきものとしてあると立てる。
⑥	遮法《しゃほう》（例えば飲酒など）がすこしある。
⑦	声聞の波羅夷罪を犯せばこの別解脱律儀を後で再び受けることができない。 これに対して、菩薩戒の場合は大品の纏（煩悩）によって他勝処法を犯したならば菩薩律儀を捨てたことになるが、後でこの菩薩律儀を再受することができる。因みに、真言律儀は菩提心を具足する限り違犯はない。
⑧	声聞の受戒には三師七証が必要であるが、菩薩戒の場合は一人の師から受戒する（従他受戒）か、または自分で自誓受戒する。
⑨	声聞の戒は他を加害しないが、菩薩戒は他を加害せず、その上に利他を行なう。
⑩	阿羅漢や過去諸仏ではなくて、過去の菩薩に随学する。
⑪	声聞の戒は自利であるが、菩薩戒は他の人だけのため（利他）である。
⑫	声聞の戒は一生涯にかぎり受持する。菩薩戒は菩提座《ぼだいざ》（金剛宝座）に至るまでの間、菩薩律儀を受持する。因みに、真言律儀では、虚空のある限り真言律儀を受持するのである。
⑬	声聞の戒の果は有余依涅槃と無余依涅槃であるが、菩薩律儀の果は第十地か第十一地である。

真言律儀の特色

真言律儀の特色については、表のとおりです。

【真言律儀の特色】

①	身・口・意の不可分を説く。
②	金剛たる菩提心から生じる。
③	心だけの不善を断除する。
④	二の罪（すなわち性罪・遮罪）を説かない。
⑤	実体（苦や輪廻の生存から解脱させるもの）を本性とするものとしてある、あるいは、ただ観察し調べられるべきものとしてある、という両方の言説を立てない。
⑥	遮法の釈説はない。
⑦	（菩薩の）菩提心を具足する限り違犯はない。
⑧	（1）師の御口から生じた力と（2）ジュニャーナデーヴァの加持力と（3）ヴァジュラダーキニーの予言の力と（4）自分の心の能力によって獲得された清浄な力との４の力がこの真言律儀を受けるのに必要である。
⑨	他を加害せず他を利益し、ブッダの御所行を実践する。
⑩	過去の諸仏に随学する。
⑪	自分と他の人のため（自利と利他）である。
⑫	虚空のあるかぎり真言律儀を受持する。
⑬	この律儀の果は第十二地である。

後のケードゥップジェー（1385 - 1438）はアティーシャ作説を疑っています。

いずれにしても、アティーシャは、七衆の別解律儀を根本におきながらも、大乗の菩薩律儀、密教の真言律儀をより勝れているとしています。

⑤ 密教の戒

13 世紀初まで栄えたジャガッダラ僧院の遺跡、バングラデシュ国

①　瑜伽戒の七不善業の容認

七つの不善なる行為も一定の条件で許される

『戒品』で説かれる瑜伽戒の 44 種の違犯のうち第９条では十善のうちの殺生、偸盗、邪（不）淫、妄語、両舌、悪口、綺語の７つの不善なる行為を行っても、有情に対する思いやりの心をもち利他のために善巧方便として行うのであれば、許されるとしています。

三毒のうちの貪欲について、有情に対する貪欲（ラーガ）は愛情であり、哀愍《あわれみ》（いつくしむこと）をともなっているからです。

この思想は初期大乗の『優波離所問経』（Upāli-paripṛcchā）にその典拠を求めることができます。

この後に成立した同じ瑜伽行派の文献『大乗荘厳経論』の随修品でも、「有情のために貪欲（有情をあわれむ愛情の心）からなされた事は過失にならない」と解説し、『攝大乗論』の増上戒学分、増上心学分でも、菩薩が十悪を行っても無罪であることを述べています。

そして、その密意《みっち》（特殊な意図）を解説し、このような行為を行う者は菩薩によって示された化現《けげん》、化作《けさ》であり、「人々に信を起こさせ、悟りに向かって成熟せしめるため」に説かれたものであって、このような行為を戒としてその利他の精神、理念を学ぶべきであるとしています。

不善を容認・肯定する思想は『大乗集菩薩学論』や『入菩提行論』にもある

このような一定の条件のもとであれば不善、悪を容認、肯定する思想は、シャンティデーヴァ（約 685 － 763 年頃）が著わした中観流の『大乗集菩薩学論』や『入菩提行論』においても見られます。

『大乗集菩薩学論』第８章「 罪障の浄化 」という章では、初期大乗の『方便善巧経』や『優波離所問経』などを引用して、善巧方便をもった、つまり般若 (プラジュニャー) と悲 (思いやり) によって衆生を捨てない菩薩は、万が一、利他のために貪欲 (ラーガ) と相応した罪を犯しても、無罪であるが、瞋恚や愚癡と相応した罪は有罪である旨を説いています。

『入菩提行論』第５章「正知の守護」という章、第84偈では、大悲心があり、慧眼《えげん》によって有情の利益を見る者には、禁止されたこと(人に対する加害、殺生、非梵行など)が許容されると述べています。

すなわち、利他のために貪欲と相応した罪や、禁止された殺生、非梵行などを一定の条件のもとで容認することを説くのです。

しかしながら、この『戒品』等でこのような不善の行為を、世俗的立場、世間レベルにおいて認めているのでは決してありません。

菩薩の代受苦思想との関係など考察すべき課題が残る

この問題については、有部と瑜伽行派の説く貪（ラーガ、ローバ）との関係や、他の人に代わって苦しみを受ける菩薩の代受苦《だいじゅく》思想との関係など考察すべき課題が残っています。

すなわち、大乗の菩薩戒は、世俗社会の現実へと志向しながらも、それを止揚した宗教的・出世間的次元にあります。空《くう》の思想（一切の存在するものには実体がないこと）につらぬかれた大乗経典に説かれるこの大乗の菩薩戒は、現実社会で実際に身・口・意でもって十不善業道を行っても許容されると説くのではありません。

般若と善巧方便を伴い慈悲の心をもって利他のために実践

大乗の菩薩は、その意思や動機が純粋なる大乗の利他の精神を理解して、般若と善巧方便を伴い慈悲の心をもって利他のために実践すべきであるというのです。

これは私どものような凡夫に信知させるために用いられた抽象的・象徴的表現であり、大乗菩薩の戒の本来の精神や理念、その趣旨を理解して、般若の智慧とそれにもとづく慈悲の心によって利他のために実践すべきであるということを比喩的に強調して説示したものであると世俗的立場では理解すべきでしょう。

このように、利他を目的とした「有情に対する貪欲」を生かす方向で説く教説は後の密教へと繋がるのです。

②　『大日経』『菩薩地』戒品と十善戒

『大日経』で説かれる十善戒の理解に直接影響を与えている

『菩薩地』戒品の第９条の思想は、後の７世紀中頃に成立した中期密教経典『大日経』の「受方便学処品」で説かれる十善戒の理解（方便行として不善の肯定）に直接影響を与えています。

例えば、ブッダグフヤ（覚密、８世紀頃）が著した『大日経』に対する注釈書『大日経広釈』（東北目録No.2663、大谷目録Nos.3490、3487）において、『大日経』「受方便学處品」で説かれる十善戒とそれに関する「方便を伴う学處」について、般若と方便を具足した真言行の菩薩が十善戒を善巧なる方便をもって犯しても違犯とはならないことを述べ（ただし、在家の菩薩だけに許容される）、この条項は、既に「菩薩の戒品」（すなわち当該の『戒品』）に説かれているとブッダグフヤは述べているからです。

因みに、この『大日経』本文では、「方便を伴う学處」を説くのは十善戒のうち前七戒までで（ただし第四の不妄語戒では「方便を伴う学處」について言及しない）、後三戒（不貪欲戒・不瞋恚戒・不邪見戒）では「方便を伴う学處」に言及しないが、その注釈書『大日経疏』ではこの後三戒に関してもその「方便を伴う学處」を説いています。

『大日経』の十善戒

この『大日経』の十善戒は、大乗のうち波羅蜜行の菩薩（いわゆる顕教の菩薩）と真言行の菩薩（いわゆる密教の菩薩）に共通の、方便を伴った慈悲利他の立場にもとづく十善戒です。この菩薩は一切の法は本来不生なり（般若の空）と悟って無執着であり、悲（あわれみいつくしむこと）にもとづいて善巧なる方便を実行すべきであるとされています。

このような理解はインド中期密教（７世紀頃）の『大日経』だけではなく、『初会金剛頂経』、『理趣経』、さらにインド後期密教（８世紀～13世紀）へ展開していきます。

『理趣経』の第３段「降伏の法門」でも、「もしこの般若波羅蜜多の理趣を聞いて受持し読誦し修習するなどの十法行をなすならば、その人はすべての煩悩を既に調伏することになるから、たとい三界《さんがい》（欲界・色界・無色界の３つの迷いの世界）の一切の有情を害しても、悪趣に堕せず、速やかに無上正等菩提を得ることができる」とあります。

これはすべての煩悩を調伏し、心の眼を開かしめて一切の有情を導くための善巧方便にすぎないのであって、つまりその動機が清浄にして決して殺害するためではないからである、とされています。

『金剛頂経』の記述

次に、初会の『金剛頂経』では、第２章「降三世品」において次のような記述があります。

つまり、諸有情は本来、導き救われるべきであればあるほど、それだけ、有情のために貪欲 (ラーガ) 等により清浄をもってなすべきです (堀内寛仁編『初会金剛頂経の研究　梵本校訂篇（上）』§ 1459)。一切の有情の利益のために、仏陀の教説の故に、もし一切の有情を殺しても、彼は罪悪にけがされません (上記の堀内本§ 1460)。

無上瑜伽タントラは本来的な意義を評価すべきである

次に、インド後期密教 (約８～13 世紀) の無上瑜伽タントラでは、出世間的な解脱《げだつ》と世間的な欲望（カーマ）のいずれをも目的とし、性や殺生、三毒 (貪欲・瞋恚・愚癡) の肯定を説きますが、このような瑜伽《ゆが》 (ヨーガ) の観法に重点をおく仏教のタントリズム (Buddhist Tantrism) がもつ非倫理的、非社会的な点を、皮相的、世間的に理解せず、その会通、昇華、純化された象徴性という観点などからその本来的な意義を評価すべきであります。

また、『ヘーヴァジュラ・タントラ』（8世紀後半頃）とその註釈書類などによると、護摩《ごま》（ホーマ）の呪殺（マーラナ）や調伏（アビチャーリカ）の目的は、妄分別《もうふんべつ》をなくすためです。

密教では、煩悩や欲望を大欲《たいよく》へと昇華して、悟りへの原動力とみなすのです。

③　インド密教の戒の概略

真言行の菩薩の四重禁戒や五戒が説かれる

『大日経』では、その「住心品」や「具縁真言品」、「持明禁戒品」などにおいて、住無為戒（空性をさとることに住すこと。三聚浄戒などの世俗の戒ではない）、三世無障礙智戒（十善業道として行為される自己の三業を空ずること）、三昧耶の偈（①正法を捨てるべからず、②菩提心を捨てるべからず、③一切の法を慳悋《けんりん》すべからず、④衆生を利益しない行為をすべからず）、持明禁戒（本尊身に住すこと、空性の三摩地に住すこと、三摩地から出て一切の諸法は幻化（マーヤー）の如しと悟って執着しないこと、その真言を念誦すること）などが説かれています。

さらに「受方便学処品」では既述の真言行の菩薩の十善戒以外に、真言行の菩薩の四重禁戒（①正法を捨てて邪行をおこすべからず②菩提心を捨てるべからず③一切の法を慳悋《けんりん》すべからず④衆生を悩害すべからず）、五戒（不殺生、不偸盗、不邪淫、不妄語、不邪見）が説かれています。

これら『大日経』所説の諸戒は「菩提心」を基にするものです。

密教の戒の総称を三昧耶戒《さんまやかい》（samaya、サマヤ）といいますが、（発）菩提心戒ともいいます。菩提心をおこすことを戒体とするからです。

インド密教の三昧耶戒

インド密教の三昧耶戒については、 各々のタントラの階梯（クラス）で独自の三昧耶戒(サマヤ)を持ち、その内容はタントラによって異なります。

この三昧耶戒はそれぞれの条項を守るという形をとらないで、菩提心を保持して密教の目標を実践し衆生を救済しようと誓った（samaya、サマヤ）ことを自分の戒とするのです。

プトン（1290-1364）はタントラ（密教経典）を、①所作（kriyā）タントラ、②行（caryā）タントラ、③瑜伽（yoga）タントラ、④無上瑜伽（anuttarayoga）タントラ、このように4つに分類します。

【４つのタントラ】

①所作階梯のタントラ	『蘇悉地経』などの30三昧耶戒
②行階梯のタントラ	『大日経』の14の三昧耶戒（四重禁戒と十善戒）など
③瑜伽階梯のタントラ	『初会金剛頂経』の14の三昧耶戒（五智如来の三昧耶戒）など
④-1　無上瑜伽階梯のタントラ	『事師法』（東北目録No. 3721、大谷目録No. 4544）で説かれる14の根本罪過と８の普通罪過（または15の根本罪過と７の普通罪過、28の普通罪過）
④-２　無上瑜伽階梯のタントラのうちの『時輪（カーラチャクラ）タントラ』	14の根本堕罪と25の禁戒

このように、４つのタントラの階梯に、それぞれ異なった独自の三昧耶戒があります。

根本罪過14条と普通罪過８条

根本罪過14条は、①師を敬わない　②仏の教命にそむく　③兄弟弟子が相い争う　④有情への慈悲心を捨てる　⑤菩提心を捨てる　⑥自他の教えを誹謗する　⑦未熟の者に秘密の教えを説く　⑧（本来五仏である）五蘊を毀損する　⑨本来清浄なる諸法を疑う　⑩悪逆なる者を（誤って）慈しむ　⑪無自性空である諸存在を（誤って）慈しむ　⑫正しく信じている者に異なった教えを説く　⑬三昧耶を（正しく）保たない　⑭（智慧の当体である）女性を軽蔑する

普通罪過８条は、①（大印たる）女性を暴力で犯す　②修行の場で口論する　③三昧耶を忌み嫌う　④信心を持つ者に誤った教えを説く　⑤正しくない方法で五甘露を享受する　⑥声聞と七日（以上）共に住する　⑦（正しい）瑜伽者のふりをする　⑧器でない者に秘密の教えを説く

（頼富本宏『密教仏の研究』法蔵館　平成２年　p.448；Aśvaghoṣa作『根本罪過集』『普通罪過』、S.Levi本）

ちなみに、チベットのニンマ派では根本27条、枝末25条の三昧耶戒を説きます。

④　弘法大師の戒律観

弘法大師の「弘仁の御遺誡」

大師の『弘仁の御遺誡《ごゆいかい》』（弘仁４年（813）の著作）では、

「………必ず須く顕密の二戒堅固に受持して、清浄にして犯なかるべし。

いわゆる顕戒とは、三帰・八戒・五戒及び声聞《しょうもん》・菩薩《ぼさつ》等の戒なり。四衆《ししゅ》に各《おのおの》本戒あり。密戒とはいわゆる三摩耶戒《さんまやかい》なり。または仏戒と名づけ、または菩提心戒《ぼだいしんかい》と名づけ、または無為戒《むいかい》と名づける。

かくの如くの諸戒は十善《じゅうぜん》を本となす。いわゆる十善とは、身三・口四・意三なり。末を摂して本に帰すれば、一心《いっしん》を本となす。一心の性は、仏と異なることなし。我心と衆生心と仏心との三、差別なし。この心に住すれば、すなわちこれ仏道を修す。この宝乗に乗ずれば、直ちに道場に至る。

（中略）

もし我が誡《いましめ》に随はば、すなわちこれ三世の仏戒に随順するなり。これすなわち仏説なり。これ我が言にあらず。もろもろの近円《ごんえん》・求寂《ぐじゃく》・近事《ごんじ》・童子《どうじ》等、これ等の戒を奉行《ぶぎょう》して、精《もっぱ》ら本尊の三摩地《さんまじ》を修し、速やかに三妄執《さんもうじゅう》を超えて、疾く三菩提《さんぼだい》を証し、二利を円満し、四恩《しおん》を抜済《ばっさい》すべし。いわゆる冒地《ぼうじ》薩埵《さった》、あに異人ならんや。………」

と説いています。

顕教の戒、大乗の十善戒、無為戒、菩提心戒

顕教の戒とは、三帰依、近住の八斎戒、優婆塞・優婆夷の五戒や、式叉摩那の六法、沙弥・沙弥尼の十戒、比丘・比丘尼の具足戒と大乗の菩薩戒です。

真言密教の戒とは三摩耶戒（または三昧耶戒）であり、「仏陀の本誓をそのまま我が心とし、仏と我とは不二平等であることを戒として忘れないこと」です。

無為《むい》戒とは、菩薩の有為《うい》戒から「如来の無為戒（金剛薩埵《さった》の三昧に住する時の戒体）に住することを理想とすること」です。

菩提心戒とは、「菩提心を戒体として、菩提に心をとどめることをいつも

忘れないと誓うこと」です。

大乗の十善戒とは、不殺生、不偸盗、不邪淫、不妄語、不両舌、不悪口、不綺語、不貪欲、不瞋恚、不邪見の十善を行うことをもって戒となすのです。

弘法大師の「平城天皇潅頂文」

弘法大師の『平城《へいぜい》天皇潅頂文《かんじょうもん》』（弘仁 13 年（822）の著作）では、

「………今、授くるところの三昧耶仏戒とは、すなわちこれ大毘盧遮那《だいびるしゃな》自性法身《じしょうほっしん》の所説の真言曼荼羅《まんだら》教の戒なり。もし善男子善女人、比丘比丘尼、清信男女《しょうしんなんにょ》等あって、この乗に入って修行せんと欲《おも》はん者は、先づ四種の心を発《おこ》すべし。一には信心《しんじん》、二には大悲心、三には勝義心、四には大菩提心なり。………」

と説いています。

四種菩提心

信心とは菩提心の総体をあらわすのです。この信心のはたらきを大悲心、勝義心、大菩提心の三に分けています。

大悲心（行願心）とは、「大悲の心で利他の行をなそうと誓願する心」、勝義心とは、「勝れた般若の智慧をもって、密教のすぐれた教えを学ぶ心」、大菩提心（三摩地心）とは、「三摩地（samādhi）に入って三密瑜伽行を実践し、本来的な浄菩提心を開きあらわして、仏と我との一体の境地を獲得する心」です。

弘法大師の「梵網経開題」

弘法大師は、『梵網経開題《ぼんもんきょうかいだい》』（天長５年（828）頃の著作）も著していますが、『梵網経』（上下二巻、５世紀中頃、中国成立。四十心と十重四十八軽戒を説く）を大乗菩薩戒を説いた経典ではなく、法身大日如来が開示した密教経典（『金剛頂経』系）とみなしています。

この経典全体を四種曼荼羅（大・三昧耶・法・羯磨の曼荼羅）身の視点、すなわち密教眼にもとづく曼荼羅の包容（包摂）的視点によって説明するのです。

三昧耶戒

弘法大師空海は、真言行者は密教の三昧耶戒を持し、この立場で小乗の具足戒を受持することを説きました。すなわち、顕教と密教の２つの戒を堅固に受持すること、小乗戒・大乗戒と密教の戒を受持することの重要性を説きました。

真言密教においては、小乗の具足戒と密教の三昧耶戒とは矛盾しないのです。

顕教《けんぎょう》（密教以外の一般仏教）の諸戒は十善戒に帰着しますが、この十善戒も我・衆生・仏の三平等、無差別の一心に住する三昧耶戒に帰結するのです。

この三平等を見通す浄菩提心を戒体とすれば、自ずから顕戒も守られるとします。

信心、大悲心（行願心）、勝義心と大菩提心（三摩地心）の四種菩提心をおこし、これに基づいて修行することを誓うことが、三昧耶戒を守ることです。

ちなみに、『大日経』で説く三昧耶戒の戒相は、四重禁戒と十重禁戒です。

例えば、『秘密三昧耶仏戒儀』によると、
①菩提心を捨てない、②三宝を捨てない、③三乗の経典をそしらない、④深い意味をもつ大乗経典によく理解できない個所があっても疑わない、⑤既に菩提心をおこした人にその菩提心を捨てさせるようなことをしない、⑥未だ菩提心をおこしていない人に、声聞乗・独覚乗へ心を向けさせない、⑦小乗の教えを信ずる人に、深い大乗の教えを容易く説かない、⑧邪見を得ない、⑨外道の人の前で「自分は既に無上菩提の戒を保持している」と説かない、⑩有情に対して損害するところ、利益のないところを他の人のさせない、
これが十重禁戒の内容です。

この三昧耶戒は、伝法灌頂などにおいて授けられるのです。

真言行者は一々の戒条を守るという形をとらず、空性を悟って戒に全く執着せず、私心なく戒の精神の実践、換言すれば特に利他行を強調する菩薩行の実践に努め、即身成仏を目指すべきなのです。

参考文献

石田瑞麿　『鑑真―その戒律思想―』　大蔵出版　昭和 49 年
石田瑞麿　『梵網経』 大蔵出版　昭和 50 年
石田瑞麿　『戒律の研究　上・下 』（日本仏教思想研究　Ⅰ、Ⅱ）法蔵館 昭和 61 年
上田天瑞　『戒律の思想と歴史』高野山大学密教文化研究所　昭和 51 年
遠藤祐純　『戒律概説　初期仏教から密教へ』　ノンブル社　平成 20 年
大野法道　『大乗戒経の研究』 理想社　昭和 29 年
勝又俊教　「密教の戒律観」『密教の日本的展開』　春秋社　昭和 45 年
勝又俊教　『唯識思想と密教』　春秋社　昭和 63 年
酒井真典　訳『大日経広釈　全』 法蔵館　昭和 63 年
佐藤達玄　『中国仏教における戒律の研究』木耳社　昭和 61 年
佐藤密雄　『律蔵』（＝仏典講座　4） 大蔵出版 昭和 50 年
杉本卓洲　『五戒の周辺』平楽寺書店　平成 11 年
勝呂信静　『初期唯識思想の研究』　春秋社　平成元年
土橋秀高　『戒律の研究　第一』 永田文昌堂 昭和 55 年
土橋秀高　『戒律の研究　第二』 永田文昌堂 昭和 57 年
栂尾祥雲　『理趣経の研究』　昭和 5 年；　密教文化研究所　repr. 昭和 57 年
徳田明本　『律宗概論』百華苑　昭和 44 年
羽田野伯猷 「瑜伽行派の菩薩戒をめぐって」 『鈴木学術財団研究年報』14（昭和 52 年）
『羽田野伯猷著作集Ⅳ』に再録　法蔵館　昭和 63 年
羽田野伯猷編 『瑜伽師地論菩薩地（戒品）』 第二輯　第一分冊 法蔵館　平成 5 年
平川彰　「大乗戒と菩薩戒経」 『福井康順博士頌壽記念東洋思想論集』 昭和 35 年
『平川彰著作集第七巻　浄土思想と大乗戒』再録　春秋社　平成 2 年
平川彰　『律蔵の研究』 山喜房佛書林 昭和 55 年
平川彰　『八宗綱要　上、下』 大蔵出版 昭和 55 年
平川彰　『浄土思想と大乗戒』（＝平川彰著作集第七巻）　春秋社　平成 2 年
平川彰　『二百五十戒の研究　Ⅰ』 春秋社　平成 5 年
平川彰　『二百五十戒の研究　Ⅱ』春秋社 平成 6 年
堀内寛仁　編 『初會金剛頂経の研究　梵本校訂篇（上）』
高野山大学密教文化研究所　昭和58 年
松長有慶　『密教経典成立史論』 法蔵館　昭和 55 年
森章司　編　『戒律の世界』東京：渓水社　平成 5 年
頼富本宏　『密教仏の研究』 法蔵館　平成 2 年
Lokesh Chandra ed.,*Buddhist Iconography of Tibet* Ⅰ. Ⅱ（Rinsen,1986）

（本書は拙稿『仏教徒のあり方と戒律』（高野山大学　平成 15 年）を大幅に改訂したものである。本書の性格上、注記は省略し、主な参考文献を挙げるに留めざるを得なかった。寛恕を請う次第である。）

著者略歴

藤田　光寛（ふじた　こうかん）

1948年高野山生まれ。1972年東北大学文学部哲学科印度学仏教史学専攻卒業。1977年東北大学大学院文学研究科博士課程（印度学仏教史学）単位取得。1977年高野山大学専任講師。1988年日本印度学仏教学会賞受賞。1994年高野山大学教授。2001年東北大学から博士（文学）学位取得。 2008年高野山大学密教文化研究所所長。高野山大学学長。現在、高野山大学名誉教授、高野山大圓院住職。

著作に「方便をともなう十善戒－〈大日経〉と〈菩薩地戒品〉における－」（『インド密教の形成と展開』所収、法蔵館、1998年）、「瑜伽戒の受戒儀軌－Nāgārjuna著〈発菩提心儀軌〉とBodhibhadra著〈菩薩律儀儀軌〉を中心としてー」（『仏教文化の諸相』所収、山喜房佛書林、2000年）、「インド・チベット仏教における大乗の瑜伽戒について」（『日本仏教学会年報』74、2009年）その他多数。

Seluba Buddhism Books 知る・わかる・こころの旅を豊かにする
セルバ仏教ブックス

はじめての「密教の戒律」入門

2013年10月9日 初版発行　　2024年10月10日 第4刷発行

著　者　藤田　光寛　　©Kokan　Fujita

発行人　森　　忠順

発行所　株式会社 セルバ出版
〒113-0034
東京都文京区湯島1丁目12番6号 高関ビル5B
☎03（5812）1178　　FAX 03（5812）1188
https://seluba.co.jp/

発　売　株式会社 創英社／三省堂書店
〒101-0051
東京都千代田区神田神保町1丁目1番地
☎03（3291）2295　　FAX 03（3292）7687

印刷・製本　株式会社 丸井工文社

Printed in JAPAN

ISBN978-4-86367-127-0